tus **DE** z **ESPE**
SEOS ã **RAN**
ㅌ **DO**

Si este libro le ha interesado y desea que lo mantengamos
informado de nuestras publicaciones, puede escribirnos a
comunicacion@editorialsirio.com,
o bien registrarse en nuestra página web:
www.editorialsirio.com

3 1571 00339 5459

Diseño de portada: Editorial Sirio, S.A.
Diseño interior: Cristina Sanz d'Estudiocrispoppy

© de la edición original
  Alicia Sánchez Pérez

© de la presente edición
  EDITORIAL SIRIO, S.A.

EDITORIAL SIRIO, S.A.	NIRVANA LIBROS S.A. DE C.V.	ED. SIRIO ARGENTINA
C/ Rosa de los Vientos, 64	Camino a Minas, 501	C/ Paracas 59
Pol. Ind. El Viso	Bodega nº 8,	1275- Capital Federal
29006-Málaga	Col. Lomas de Becerra	Buenos Aires
España	Del.: Alvaro Obregón	(Argentina)
	México D.F., 01280	

www.editorialsirio.com
sirio@editorialsirio.com

I.S.B.N.: 978-84-16233-34-2
Depósito Legal: MA-394-2015

Impreso en Imagraf Impresores, S. A.
c/ Nabucco, 14 D - Pol. Alameda
29006 - Málaga

Impreso en España

Alicia Sánchez Pérez

tus DE ESPE
SEOS RAN
TE ESTÁN
DO

Un manual para lograr todas tus metas

editorial Sirio

AGRADECIMIENTOS

A mi preciosa hija Berta y a Iván, por su paciencia y Amor incondicional. Soy muy afortunada.

A todas las personas a las que he acompañado en sus procesos, porque me han permitido hacer lo que me hace feliz. Sus cambios y experiencias me han alimentado y enriquecido. Especialmente a los participantes de los grupos semanales de «TODO ES POSIBLE», que han colmado mi vida de preciosa energía en cada sesión. Escuchar vuestras experiencias, cambios y continuidad de resultados está siendo maravilloso para mí. Gracias a todos.

A mi amigo del alma, Suso. Tu muerte fue un despertar para mí. Nada ha sido igual desde ese momento de conciencia; ya sabes cuánto te quiero. Contigo empezó todo este camino.

A mi Maestra, Montserrat Gascón, que me abrió el corazón con sus manos y me enseñó a abrírselo a todo el mundo. Me mostró y me continúa mostrando que no hay límites, probablemente la lección más importante y útil que he aprendido en toda mi vida.

¡TODO LO QUE DESEAS TE ESTÁ DESEANDO A TI!

¡TODO LO QUE DESEAS ES POSIBLE PARA TI!

¡TODO ES POSIBLE!

"LO HE CONSEGUIDO PORQUE NO SABÍA QUE ERA IMPOSIBLE"

Thomas Edison

PRÓLOGO

por Mercedes Milá

Hay personas que poseen un don extraordinario, pueden hacer que sus palabras alivien el sufrimiento de seres humanos que les escuchan con atención. Alicia Sánchez es una de ellas. Este poder podría convertirlas en gentes peligrosas, pero no es el caso.

Tenéis entre las manos el libro que leí tras escucharla la primera vez. Es un libro sin pretensiones, como ella. Alicia es una mujer joven que ha encontrado la fórmula para explicar emociones y conceptos abstractos sin elevarse ni vanagloriarse de lo que sabe. Ella repite sin cansarse, ni cansarnos, que no sabe muy bien por qué explica las cosas que explica, pero que a ella le han funcionado y por eso quiere compartirlas.

Mi cerebro abrió, activada por esas explicaciones, una puerta nueva e imprescindible a una realidad en unos momentos de cruce de caminos y desorientación, y eso cambió mi estado de ánimo radicalmente.

Ella colocó mi percepción de la vida en un espacio de juego de posibilidades que jamás pensé que existía. Fue una acción de mi voluntad que se fió de lo que ella decía delante de varias personas que asistíamos a uno de sus cursos de visualización. Esa palabra, visualización, no había llegado a mi vida antes como ella la introdujo. Esa palabra y, sobre todo, la acción que la acompaña, me han dado un poder que me permite quitarle importancia a lo que me dañaba y dársela a lo que aumenta mi felicidad.

Ella creerá que escribir este prólogo es hacerle un favor, pero yo tengo la certeza de que jamás podré pagarle lo que metió en mi cerebro.

PRÓLOGO

por Montserrat Gascón

Alicia respira autenticidad.

La AUTENTICIDAD es la manifestación de la coherencia entre lo que se dice, lo que se hace y lo que se vive. La COHERENCIA es la facultad primordial del ser humano, la facultad de realizar sus sueños y sus objetivos. Cuando somos coherentes, toda la energía va dirigida como una flecha, en una sola dirección. Conseguimos nuestros sueños cuando el proyecto viene del corazón, ya que ahí se nutre, germina y define su dirección.

Después utilizamos la razón para darle forma y nuestra energía vital para darle fuerza e impulsarla hacia una SOLA DIRECCIÓN.

Nuestro proyecto debe ser LIGERO, CLARO y PRECISO; debemos saber de dónde viene y hacia dónde va, para que la flecha que lo propulsa, dirige y acompaña no sea desviada por las dudas ni frenada por nuestros miedos.

La REALIDAD es la concreción de nuestros sueños.

¡Gracias, ALICIA, por recordarnos esta realidad con ALEGRÍA y FACILIDAD-FELICIDAD!

¿Y si realmente todo fuera tan fácil?
¡Yo me lo creo!

CÓMO UTILIZAR ESTE MANUAL

La primera parte es teórica. He intentado ser sencilla a la hora de explicar las ideas para conseguir un texto que permita abrir la mente a «imposibles» y a aprenderlo todo sobre cómo conseguirlos a través de la Visualización Creativa.

El apartado «Ideas para visualizar» no hace falta leerlo entero (aunque es recomendable para aumentar tus recursos). Puedes utilizarlo para consultar solo las ideas que te ayuden a conseguir tus objetivos personales. Son ideas para todo tipo de cosas y están basadas en mi experiencia personal. De la mayoría de ellas he sido testigo directo, el resto son experiencias de familiares, amigos, clientes y de participantes de los grupos semanales de «TODO ES POSIBLE».

Si tu objetivo no aparece aquí no te preocupes, toma alguna de las ideas que hay y la modificas tanto como quieras o mírate el esquema del apartado «¿Cómo se hace?» e inventa tu propia forma de hacerlo.

El resto del Manual sí es importante leerlo todo para saber cómo reconocer las «señales» que irremediablemente irán llegando a tu vida en seguida, también para entender por qué a veces parece que no funciona y cómo utilizar la herramienta que estoy compartiendo contigo para sacar el máximo partido.

IM POR TANTE

Este libro no pretende sustituir ninguna terapia ni consejo médico y profesional que te esté ayudando en tu momento de vida. Pretende ser un complemento útil de cualquier técnica, herramienta, terapia, medicina... Ojalá al utilizarlo de forma continuada y con firme compromiso contigo mism@ no vuelvas a necesitar ni terapias ni médicos

También deseo profundamente que sepas escoger con ética y con el corazón tus deseos, que nunca vayan en contra de nadie ni del bien común porque estarás yendo en contra de ti mismo.

CONFÍO QUE SERÁS INTELIGENTE, no necesitas competir, ni pasar por encima ni quitarle nada a nadie. Hay opciones mejores... empieza a leer.

IN
TRO
DUC
CIÓN

Me creería cualquier cosa con tal de que pareciera imposible.
EL RETRATO DE DORIAN GRAY

Mucha gente me pregunta: «Pero ¿realmente crees que todo es posible? ¿Todo?»... y hace muy poco tiempo que me atrevo a decir «sí» abiertamente.

He sido una persona muy escéptica, he necesitado experimentarlo todo por mí misma muchas veces (no he tenido suficiente con una o dos), me he cuestionado mucho cada conclusión que he sacado, he dudado de todo durante mucho tiempo, pero ha llegado un momento en que ya no puedo negármelo más, ya no puedo dudar de lo que he vivido y de lo que estoy viviendo desde hace años. Siento que ha llegado el momento de salir de mi «zona de confort» y, a riesgo de parecer que me he vuelto loca, ofrecer a todos los que deseen experimentarlo una forma de vivir, de sentir y de pensar donde todo es realmente posible, TODO, sin importar lo que has vivido hasta ahora, ni en qué punto te encuentras en este momento.

Puede sonar muy pretencioso, pero he querido escribir un manual de bolsillo que cambie tu vida tanto como quieras, que te ayude a conseguir la vida que desea tu corazón y que te permita experimentar que TODO ES POSIBLE.

Como yo no soy científica, ni mística, ni una maestra espiritual, he incluido un apartado de justificaciones teóricas fomentadas y sostenidas por gente que sí lo son. Mi punto fuerte es la experiencia; he convertido la teoría en una práctica cotidiana con resultados increíbles.

Llevo diez años acompañando a la gente a conseguir lo que quiere y a cambiar su realidad. He tenido el privilegio de vivir, en mi piel (y lo he visto en otros), milagros de todo tipo: curaciones de enfermedades graves, cambios en la situación financiera, buenos empleos en personas que llevaban años en el paro, compraventa de casas y pisos en un periquete, gente consiguiendo sus sueños, embarazos supuestamente imposibles, etc. Más adelante leeréis ejemplos concretos tanto de mi propia vida como de la de personas a las que he atendido y acompañado.

En todo este tiempo he aprendido mucho sobre cómo se consiguen objetivos fácilmente, cómo funciona el concepto de «crea tu realidad», la Ley de la Atracción..., y también dónde falla la mayoría de la gente al ponerlo en práctica. Es por eso por lo que quiero compartir todo este aprendizaje contigo.

Podrás utilizar este manual tanto si entiendes las bases teóricas en las que se apoya como si no. ¿Has necesitado estudiar electricidad para encender la luz en tu casa? ¿E informática para usar tu ordenador?

Pues tampoco necesitas ser físico cuántico, ni saber qué es la energía, ni aceptar conceptos y paradigmas nuevos que ahora mismo no puedas o no quieras integrar; solo es necesario que te abras a experimentar por ti mismo qué pasa cuando pruebas, al pie de la letra, las indicaciones de este manual.

¡No tienes nada que perder! Tómatelo como un juego, y si te funciona, ¡mejor para ti!

Estoy segura de que a medida que lo experimentes lo irás integrando, a la vez que irás viendo cómo tu vida cambia sorprendentemente.

¿QUIERES COMPROBARLO?

¿HAY COSAS IMPOSIBLES?

Punto de vista histórico

La Historia nos ha ido demostrando en múltiples ocasiones que cosas que eran imposibles de aceptar están totalmente integradas en la sociedad unos años después.

Ejemplos hay muchísimos: desde los cambios de paradigma como «la Tierra es redonda» hasta los avances de técnicas y tecnologías increíbles que usamos ahora y que, probablemente, quedarán obsoletas en menos de cinco años.

¿Qué crees que habría dicho alguien antes de 1800 si le hubieran contado que dos personas podrían hablar, a tiempo real, a través de unos aparatos aunque estuvieran a miles de kilómetros de distancia? «Eso es imposible», habría sido su respuesta.

De hecho, no hace falta irse tan lejos: hace quince años nadie podía imaginarse que todos iríamos con un teléfono encima, con cámara de fotos, Internet, conectados por satélite... y a un precio asequible.

Ningún científico puede garantizar que haya algo imposible; solo puede decir que es «improbable».

Pero sí puede indicar que alguna cosa es imposible
de explicar en función de lo que sabemos ahora.

JOHN BROBECK

No todo lo que sabemos tiene una explicación científica. Ni todo lo que hoy explica la ciencia será válido mañana.

Existen datos increíbles que nos invitan a cuestionarnos nuestras ideas sobre lo que es y no es posible, como por ejemplo:

- Puestas en fila, las neuronas de un solo cerebro humano llegarían desde la Tierra hasta la Luna.
- Los ácidos que se encargan de nuestra digestión podrían disolver una hoja de afeitar, pero el revestimiento del estómago tiene células muy veloces a la hora de renovarse y no permiten que el estómago se disuelva literalmente.
- Cada célula cerebral es capaz de contener cinco veces la información de la *Enciclopedia Británica*.
- La luz viaja a 300.000 km/s. La luz que nos llega del Sol tarda unos ocho minutos en recorrer los 150 millones de kilómetros que hay hasta la Tierra. Así que cuando miramos el Sol vemos una imagen de hace ocho minutos. El Sol es la estrella más cercana, y muchas de las estrellas que vemos durante la noche YA NO EXISTEN.[1]
- Imagina que en un planeta que se encuentra a 519 años luz de distancia hubiera un astrónomo con un telescopio suficientemente potente como para poder

---

1. Extraído del libro *La puerta de los tres cerrojos,* de Sònia Fernández-Vidal.

ver con detalle lo que pasa en la Tierra. Si apuntase hacia América, ahora mismo vería llegar a Colón con sus carabelas. Vería a los humanos de 1492.[2]

- Nuestro cerebro funciona como un ordenador, pero con una capacidad de almacenaje mucho más grande: 2,5 millones de *gigabytes*. Sería el equivalente a memorizar toda la información que emite una televisión encendida veinticuatro horas al día durante trescientos años.

- La Tierra gira a 1.600 km/h aproximadamente y nosotros no nos enteramos en absoluto.

Tenemos que aceptarlo; se nos escapa mucha información... ¡Pero mucha! De hecho, la mayoría de la información.

Daría todo lo que sé por la mitad de lo que ignoro.
Descartes

Punto de vista científico

Cuando miras un objeto sólido, en realidad estás frente a una agrupación de átomos.

Esto lo hemos estudiado todos en la asignatura de Física en el instituto, pero de hecho es desde el siglo XIX cuando la ciencia lo considera seriamente (aunque en la antigua Grecia ya existía la Escuela Atomista). Creo que todo tipo de científicos —newtonianos, cuánticos, etc.— estarían de acuerdo en esto.

Tus ojos ven un objeto sólido y tú te imaginas que todos los átomos tienen que estar muy juntitos para formar ese

---

2. Ibid.

objeto, pero si lo consideramos científicamente, lo que tienes delante no es un objeto sólido. Entonces, ¿qué es?

Si no lo dijesen los científicos, probablemente nadie lo creería, porque cualquiera pondría la mano en el fuego para afirmar que lo que está viendo con sus ojos y tocando con sus manos es REAL.

Personalmente, he tenido mis dificultades para asumir que lo que veo no es tal y como yo lo veo. Me ha costado aceptar que mis sentidos no captan la REALIDAD tal y como es sino solo una parte; paradójicamente, una parte ínfima de la REALIDAD.

Sònia Fernández-Vidal (física cuántica), en una entrevista aparecida en la contraportada de *La Vanguardia*, indica:

Si el núcleo de un átomo fuese una canica en el centro de un campo de fútbol, los electrones serían cabezas de alfiler orbitando por las gradas. El resto del espacio ESTÁ VACÍO.

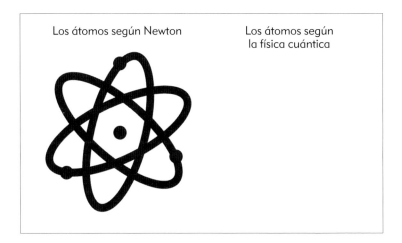

Los átomos según Newton

Los átomos según la física cuántica

Los científicos aseguran que un átomo es básicamente espacio vacío y solo materia en un 0,000001%. Piensa que todo lo que existe en el universo está formado por átomos; por tanto, todo en el universo es, en un 99,99999%, espacio VACÍO: la televisión que quieres comprarte, el coche que necesitas, tu jefe, el alumno que te incordia en la escuela, la casa de tus sueños, tu cartilla del banco, los árboles que hay frente a tu casa, nuestro planeta, el perro de tu vecino, tu suegra...

La partícula de materia más pequeña de la que están hechos los átomos se llama *quark* o quanto. Los físicos han demostrado que los *quarks* pueden comportarse como partícula (materia) o como onda (vibración, energía). Y que su comportamiento como una cosa u otra depende totalmente de las expectativas de quien está haciendo el experimento. La mente y las expectativas del científico influyen sobre la materia, sobre sus resultados.

Puedes buscar información sobre el famoso experimento teórico de «El gato de Schrödinger» (1937), de mecánica cuántica. Este gato estaba vivo y muerto a la vez —cosa que el sentido común no nos permite aceptar—, hasta que algún observador abría la caja para verlo y determinaba una de las dos posibilidades, en función de sus expectativas (basadas en sus creencias inconscientes).

Si aplicamos esto a nuestra vida, podríamos decir, por ejemplo, que tú estás sano y enfermo a la vez, pero que la realidad que experimentas responde a la elección inconsciente de una de estas posibilidades.

Los *quarks* pueden comportarse como partícula u onda. Cuando se comportan como partícula, aparecen en nuestra realidad como materia, pero cuando se comportan como

onda, no los percibimos; son vibración, energía, potenciali-
dad pura, posibilidades...

Aunque hace ya dos mil quinientos años que Buda dijo
«el observador transforma lo observado», hemos necesitado
escucharlo en boca de la ciencia.

Esto lo afecta todo:

- ¿De qué está hecho el dinero? De átomos, de *quarks*
y, finalmente, de energía.
- ¿De qué está hecho un tumor? ¿De qué están hechos
los kilos de más?
- ¿Y mi pareja? ¿Y mis hijos? De lo mismo: átomos,
quarks y, finalmente, energía.

Y todos ellos responden a las expectativas del que observa (en este caso, tú).

Habrá a quien le sea difícil pensar en su madre, en su
marido, en su hijo o en sí mismo como «una agrupación de
átomos», pero científicamente es lo que somos; estamos hechos de partículas ínfimas que dan lugar a moléculas, células,
tejidos, órganos internos, músculos, piel, cerebro, cuerpo...

Y SI tú eres el observador de tu situación económica, de pareja, de salud...

tienes el
poder de

influir sobre los resultados de lo que estás observando en tu vida.

Aplicar este conocimiento a tu vida implica entender que, por ejemplo, cuando un familiar tuyo se pone muy enfermo, él es «lo observado» y tú el «observador». Si le «miras» con pena y con miedo a que se muera, estarás poniendo tu atención en esa posibilidad, aumentando así, precisamente, la ocasión de experimentar lo que no quieres.

Hay infinitas posibilidades existiendo AHORA, al mismo tiempo, y puedes elegir enfocarte en la que quieras. Por ejemplo, puedes «mirar» con confianza plena de que su cuerpo tiene la capacidad de autocurarse y así, como observador, estarás poniendo énfasis y energía en la posibilidad de que se cure (que es precisamente lo que quieres).

La teoría cuántica de Niels Bohr, Werner Heisenberg y otros llega a decir que la realidad no existe sin un observador que la observe. ¡Es fascinante!

Punto de vista mental

Primero hay que aclarar que la mente no es el raciocinio, ni tampoco es el cerebro. La mente no está dentro de la cabeza.

La mente es algo inmaterial; no tiene forma. Tu mente consta de una pequeña parte llamada CONSCIENTE (entre el 1 y el 5%) y una parte llamada INCONSCIENTE/SUBCONSCIENTE (entre el 95 y el 99%).

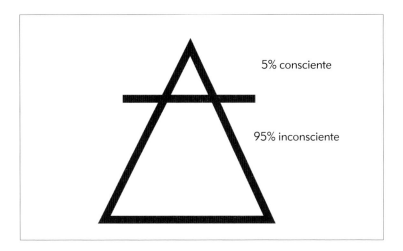

5% consciente

95% inconsciente

La parte consciente es la más familiar para nosotros, porque es la que conocemos; a través de ella razonamos, reflexionamos, decidimos, racionalizamos, pensamos... La parte inconsciente nos es desconocida; no tenemos ni idea de qué es ni de qué hay en ella, pero en este 95% aproximadamente se encuentra nuestro sistema de CREENCIAS (asimiladas en la infancia la mayor parte de ellas).

¿Hay cosas imposibles?

Tus creencias son el mapa de tu mundo; no son el mapa del mundo real, sino del mundo tal como lo ves.

No vemos las cosas tal y como son,
sino como somos nosotros.
IMMANUEL KANT

La imagen que tienes de ti mismo, tu autoestima, cómo te relacionas con otros, tus límites, tu potencial, lo que ves del mundo…, toda tu experiencia está determinada por esas creencias. Y no puede ser de otra forma, porque a no ser que te las cuestiones, te hagas consciente de ellas y las cambies, están destinadas a autocumplirse SIEMPRE.

SIEMPRE TENDRÁS RAZÓN:
Tanto si piensas que puedes como si piensas
que no puedes, tendrás razón.
HENRY FORD

Las creencias son lo que admitimos o hemos admitido en algún momento como cierto. Son nuestras verdades (de todo tipo) que, a fuerza de escucharlas, verlas y sentirlas repetidamente, se han implantado en nuestro inconsciente como incuestionables, las hayamos escogido conscientemente o no. No son correctas o incorrectas, sino que las podemos clasificar como útiles o como limitantes.

Se dice que la mayor parte de nuestras creencias están instaladas antes de los siete años de edad (cuando el cerebro es más permeable). Por lo tanto, nos guste o no, gran parte de la información inconsciente que rige nuestra vida proviene de nuestros padres, familiares o tutores.

Ves lo que estás programado para ver, lo que estás predispuesto (de forma inconsciente) a ver.

Hay un fantástico vídeo en YouTube llamado «test de concentración» que te demostrará que esto es así.

¿Dejarías que un niño de siete años decidiera sobre tu matrimonio? ¿Permitirías que una niña de siete años dirigiera tu empresa? Pues bien, hasta que renueves/actualices/reprogrames tu información inconsciente, es lo que continuará ocurriendo.

La realidad que observamos es siempre un reflejo preciso de nuestras creencias inconscientes.

Lo que ves no es el otro sino lo que crees que es el otro.
UN CURSO DE MILAGROS

Nuestro sistema de creencias es la base del monólogo interno que tenemos en la mente todo el día y constituye el filtro a través del cual interpretas la realidad. Por eso es tan importante tomar conciencia y empezar a cambiar este monólogo.

Todos llevamos unas gafas invisibles y los cristales de cada uno están «graduados» por su sistema de creencias. Podemos mirar el mismo hecho, pero nunca veremos lo mismo. Las características de los cristales de cada uno nos ofrecerán una realidad diferente, pero todos pensaremos que tenemos razón y que nuestra forma de ver las cosas es la verdadera.

El primer paso es tomar conciencia de que llevo estas «gafas invisibles» y de que si lo que estoy viendo a través de ellas no me gusta puedo cambiar la graduación o elegir otras, porque no hay unas gafas VERDADERAS QUE VEN LA REALIDAD y OTRAS QUE NO. Todas las gafas contemplan posibilidades que aparentan ser realidades.

Sabrás cuáles son tus creencias limitantes si observas tu realidad: siempre que un área de tu vida no fluye como tú deseas es porque tienes creencias limitantes inconscientes al respecto.

> *Hasta que lo inconsciente se haga consciente, el inconsciente controlará tu vida y tú lo llamarás destino.*
> CARL JUNG

Si quieres cambiar tu «destino» necesitas cambiar tus creencias. Lo lograrás por medio de modificar deliberadamente tu monólogo interno de pensamientos. Así, progresivamente cambiará tu mundo y tus circunstancias.

La tradicional frase «si no lo veo no lo creo» está basada en conocimientos que ya están superados. Ahora sería totalmente correcto decir: «SI NO LO CREO NO LO VEO». La creencia va primero.

Te recomiendo que leas el fantástico libro de Xavier Guix (psicólogo y formador de PNL) con este título.

El inconsciente no se cuestiona nada, solo acepta lo que le dices repetidamente y lo que recibes continuamente del exterior. Puede ser el enemigo que sabotea los intentos que haces para cambiar tu vida o tu mejor amigo, en cuyo caso apoya todo lo que te propones. Tú eliges.

Si decides dejar de ir en «piloto automático» y tomar las riendas de tu mundo, comienza a elegir tus pensamientos deliberadamente, alimenta tu mente con creencias útiles y pensamientos saludables, enriquecedores, potenciadores, positivos... De esta manera estarás reprogramando tu mente inconsciente para alinearla con tus deseos conscientes.

Datos para reflexionar: Tenemos más de 60.000 pensamientos al día. El 90% de ellos son negativos. El 90 % de los pensamientos que tenemos hoy son los mismos que tuvimos ayer.

¿Crees que los resultados de tu vida se deben corresponder con los cincuenta y cuatro mil pensamientos negativos que tienes diariamente o con los seis mil positivos?

Te recuerdo que cada uno de esos pensamientos genera emociones asociadas que desencadenan un alud de reacciones químicas en tu cuerpo.

Ningún pensamiento es neutro.
UN CURSO DE MILAGROS

Eres el resultado de lo que has pensado hasta ahora y serás el resultado de lo que decidas pensar a partir de ahora. Esfuérzate por pensar mejor, asume tu responsabilidad: tus pensamientos dependen exclusivamente de ti; de nadie más. Así que empieza a aceptar que nadie tiene la culpa de lo que te pasa. Así podrás cambiar cosas en ti, a tu alrededor y en tu vida. «Pensar» es una responsabilidad. La vida es muy diferente cuando ya no te sientes una víctima de tus padres, ni de tu jefe, ni de la sociedad, ni del sistema...

Punto de vista espiritual

En primer lugar quiero aclarar que ser espiritual no es lo mismo que ser religioso. Se puede ser religioso y nada espiritual. La fe no es un acto necesariamente religioso. La base de la fe es creer en algo que no ves, sea lo que sea: Dios, la energía, la Consciencia Universal, el Amor, el campo cuántico...

Somos mucho más que nuestro cuerpo; somos seres espirituales viviendo una experiencia física. Somos energía; todo lo que existe es energía, vibración, y cuando pensamos y sentimos emitimos vibraciones. La vibración es el «lenguaje» con el que nos comunicamos con todo lo que existe y la Ley de la Atracción se encarga de unir las vibraciones similares —siempre responde a las vibraciones que emites, lo creas o no, seas consciente o no de ello— y te ofrece las experiencias, situaciones, personas y cosas que tengan la misma vibración que tú.

La Ley de la Atracción responde a tu vibración, no a lo que dices que quieres. El error está en creer que pensar en lo que quieres lo atraerá. Hay dos maneras de pensar en lo que deseas: en su ausencia —«No tengo eso»— (entonces emites un tipo de vibración en que te sientes mal) o en su presencia —«Gracias por eso que estoy creando»— (entonces emites otra vibración, te sientes bien). La primera suele ser la más utilizada por todos: «No tengo dinero, no me llega, lo necesito...». Si todo el día estás pensando y emitiendo vibraciones de que no tienes dinero y crees que eso hará que el dinero te venga..., ya has comprobado por ti mismo que no funciona.

Cada vez que piensas y sientes que necesitas dinero atraes necesitarlo más. Cada vez que piensas y sientes que necesitas una pareja atraes necesitarla más.

La «necesidad» atrae más necesidad; no la obtención de lo que deseas.

El resultado de este modo de pensar y sentir: NO LO TIENES NI LO TENDRÁS. Alguien tenía que decírtelo.

La clave es, como dice un fragmento de un libro de Wayne Dyer (desgraciadamente no recuerdo el título): «A pesar de lo que muestre tu mundo físico confía, porque en un plano espiritual tú ya tienes lo que deseas; solo tienes que mantenerlo en tu mente el tiempo suficiente para que se manifieste en tu realidad física».

La forma «correcta» o, mejor dicho, más efectiva de utilizar la Ley de la Atracción a tu favor es SENTIR QUE YA ESTÁS en posesión de lo QUE QUIERES. Así es como atraes rápida y fácilmente cualquier cosa que te hayas propuesto. Te lo garantizo.

Vivimos en un universo donde todas las posibilidades están existiendo todo el tiempo en el AHORA. A cada instante tenemos la oportunidad de escoger una posibilidad distinta a la que llevamos un tiempo experimentando y poner la atención en ella para experimentarla en el futuro. Así lo estamos haciendo siempre, consciente o inconscientemente. La realidad se crea así, las veinticuatro horas; no se detiene. A cada instante eliges; si no lo haces deliberadamente lo harás en piloto automático (tu información inconsciente, tu programación lo hará por ti).

Afortunadamente, cuando empiezas a escoger la CONSCIENCIA, ya no hay vuelta atrás (como dicen en la fantástica y visionaria película *Matrix*) y cada vez se te hace más evidente que, aunque en nuestra mente inconsciente estamos programados para creer que somos limitados, el aumento de la consciencia y la expansión de nuestra mente nos hace, irremediablemente, comenzar a afianzar la idea de que

NO SOMOS NUESTRA PROGRAMACIÓN MENTAL Y NO SOMOS NUESTRO CUERPO. SOMOS, EN UN 99'99999 % ESPACIO VACÍO, ENERGÍA. SOMOS ALGO SIN FORMA.

¡SOMOS ILIMITADOS!

Solo nos falta acabar de creérnoslo. Todo llegará. Creo sinceramente que todo esto que nos parece difícil de creer será de sentido común para nuestros nietos.

Durante años me he interesado por todos estos puntos de vista, pero cuanto más aprendía acerca de cada uno de ellos más conflicto sentía en mi interior. Pensaba que eran incompatibles, que si creía en uno no podía creer en el otro, e iba de la sensación de certeza a la de duda total en un santiamén. Realmente llegué a la conclusión de que no podía creer en nada porque nada era totalmente verdad.

Sentí durante mucho tiempo un gran vacío en mi interior debido a esta creencia de que «nada es totalmente verdad y yo solo puedo creer en la verdad». ¿Cuál es la verdad? Esta fue la pregunta que llevé encima como una losa durante muchos años. La parte positiva es que fue un motor para mí; me llevó a meterme de lleno en cada técnica, en cada punto de vista, en cada libro, curso, seminario... Me convirtió en una estudiosa y buscadora de «la verdad». La parte negativa fue que cada vez que aprendía algo nuevo y me parecía verosímil (coherente y creíble) entraba en puro conflicto con todo lo que había aprendido anteriormente. Todo se me hundía, una y otra vez; mis castillos de creencias y de respuestas se desplomaban, y yo con ellos. Quizás has sentido algo similar; puede ser que des por supuesto que solo hay una verdad.

Progresivamente mis creencias sobre «la verdad» fueron cambiando y por fin encontré paz dentro de mí, porque al aceptar el universo como algo INFINITO acepté de forma implícita que todo, de alguna manera, era verdad. En lo infinito TODO ESTÁ INCLUIDO.

Este es un universo inclusivo (incluye todo, TODO); no es excluyente o exclusivo («es una cosa o la otra»). Yo vivía en un universo excluyente y ahora vivo en un universo inclusivo, donde todas las cosas son posibles a la vez. Sí, sí, A LA VEZ.

Cuando discutes con alguien, cuando piensas de manera muy diferente a alguien, cuando nunca habrías descrito la situación de la misma manera en que alguien lo ha hecho, cuando crees que la otra persona no sabe lo que dice..., en realidad, los dos tenéis razón.

Así que, creyendo firmemente en lo que aparece en este manual, pero con la humildad de saber que no es la única forma de conseguir cambiar tu vida o lograr lo que te propongas, deseo que encuentres en él una herramienta útil para ti, para los que te rodean y para el mundo.

VISUALIZACIÓN CREATIVA

¿Qué es?

La visualización creativa consiste en formarse una imagen en la mente de algo que no tienes delante utilizando la imaginación. Visualizar no tiene nada de ajeno a nosotros; es una acción natural que tiene lugar todo el tiempo en nuestra mente. Pensamos en imágenes que generan emociones; estas nos hacen vibrar de una manera determinada y atraen hacia nosotros lo que vibra de forma similar. Este proceso es continuo, no se detiene nunca; lo estamos llevando a cabo en nuestra mente seamos conscientes o no de ello.

La propuesta de la visualización creativa es convertir este proceso constante de mente-manifestación física en un acto consciente y deliberado.

¿Por qué es tan importante?

Su importancia reside en que con ella cambiarás tu vida o el área que quieras; transformarás tus circunstancias (incluso las que crees que no dependen de ti) y utilizarás todo el potencial de tu mente a tu favor.

La visualización creativa es algo más que una técnica o herramienta que utilizamos quince minutos al día para sentirnos bien. De hecho, puede ser solo eso, lo cual ya está muy bien porque te reportará mucho bienestar, optimismo y confianza en tus capacidades, y conseguirás muchos objetivos gracias a ella, pero puede ser aún más importante: una forma de vida, una conciencia, una elección, un camino...

Lo sepas o no, tu mente trabaja las veinticuatro horas del día y visualiza constantemente a través de tu diálogo interno (esa voz en tu cabeza que no para nunca).

Nosotros decimos palabras, creemos que pensamos palabras, pero el cerebro las asocia con imágenes automáticamente. Pronuncia en voz alta la palabra «limón» y cierra los ojos por unos instantes. Es automático: has visto internamente un limón; no has visto la palabra «limón» escrita en tu interior.

Tu mente subconsciente no hace distinción entre lo que ve y lo que visualiza (¡sí, lo has leído bien!).

Por ejemplo: imagínate por un momento que agarras el limón y lo cortas por la mitad. Toma uno de los trozos, míralo, acércatelo a la boca y lámelo. Es automático; tu boca ha empezado a segregar saliva y tu lengua ha reaccionado como que si realmente lo hubieras lamido... ¿Notas los laterales de la lengua? Para la mente subconsciente, lo que visualizas «intensamente» es real, y se generan movimientos internos tanto en el cuerpo como en la mente conforme a lo que estás «viviendo» en tu visualización.

Cuando cierras los ojos y te imaginas en una playa paradisíaca, tumbado en una hamaca, relajado, tomando el sol y escuchando el mar, tu respiración comienza a espaciarse, a hacerse más profunda. Tu cuerpo se empieza a relajar físicamente, tu cabeza también afloja el ritmo, parece que los pensamientos se ralentizan y cambian —«¡Aaaaahh, qué bien; por fin tranquilo...»—. Estos pensamientos de bienestar te hacen sentir bien; parece que las preocupaciones se desvanecen un poco y puedes sentir dentro de ti un oasis de calma interior. Nuestro cuerpo reacciona a este nuevo sentir, a estos pensamientos de bienestar relajando el sistema nervioso y desencadenando toda su avalancha de millones de reacciones químicas; todas tus células reaccionan inmediatamente a esta nueva información. Por eso se dice: «El cuerpo sigue a la mente».

Desde el punto de vista espiritual se diría (entre otras cosas) que este nuevo estado de ánimo cambia tu vibración; por lo tanto, en ese momento en que estás visualizando y sintiéndote así eres un imán para las personas, experiencias y circunstancias que tienen esa misma vibración.

De ese modo, la visualización (como acto deliberado o automático) afecta al cuerpo, a la mente y a tu vida.

También visualizas y creas tu realidad cuando te pasas el día quejándote de que no te llega el dinero, del imbécil de tu jefe, de los políticos que lo hacen todo mal, de tu vecina que hace ruido, de que no tienes pareja y no la encontrarás nunca, de que te ha tocado mucho sufrir en esta vida... Estos pensamientos no son estériles; por desgracia tienen un efecto devastador para ti, para tu cuerpo, para la gente que te rodea, para tu vida y, si me apuras, para el planeta.

Estos pensamientos te hacen sentir frustración, rabia, decepción, tristeza, preocupación, sufrimiento, desconfianza, miedo..., emociones que desencadenan, a su vez, millones de reacciones químicas en tu cuerpo, y todas tus células reaccionan inmediatamente a esta información.

Cuando estás así emites una vibración que solo puede acercarte a todo lo que está en sintonía contigo: problemas en alguna o muchas áreas de tu vida, situaciones complicadas, personas «tóxicas», etc.

En un principio usarás la visualización para conseguir tus objetivos, que ya es mucho. Pero ojalá quieras descubrir todo lo que te espera si persistes en su uso de forma consciente. Además de que cada vez te será más fácil visualizar, se convertirá en una forma de vivir cada instante como un momento de creación deliberada y una oportunidad de escoger tus experiencias de entre infinitas posibilidades, SIEMPRE, sin que te afecten las circunstancias externas.

¿Cómo se hace?

Una película mental en la que solo haya imágenes que tú miras no es una visualización efectiva. Debe ser «intensa»; debe contener imágenes, pensamientos, emociones, detalles, colores, sentimientos... El cuerpo y los sentidos han de participar en la visualización; hay que gesticular, oler, escuchar, etc.

1º. Escoge el objetivo

Lo que deseas y quieres conseguir. Cuanto más claro lo tengas, mejor. Pero si no lo tienes claro, no te preocupes; sigue leyendo y encontrarás cómo hacer cuando uno no sabe lo que quiere. Pongamos un ejemplo: vender una casa.

Será mucho más fácil conseguir cualquier objetivo que no te genere conflictos internos. Pregúntate si el objetivo que te has propuesto es totalmente deseable para ti. Si te propones vender la casa y crees que la tendrás que malvender, este no es un objetivo totalmente deseable. Das por supuesto que tienes que malvender para poder venderla en tiempos de crisis. Esta es una creencia limitante. Modifica el objetivo, aunque te parezca imposible, para que sea IDEAL PARA TI: vender la casa en tres meses por 250.000 euros.

Quizás la venderás en tres meses o quizás no (dependerá de que estés bien enfocado y comprometido con ello), pero si tienes constancia la venderás por el precio que te has propuesto. Poner una fecha límite es un recurso muy poderoso a la hora de hacer trabajar nuestra mente. Úsalo. Aunque no siempre cumplirá con la fecha, trabajará para lograrlo. La mente es muy eficiente cuando las indicaciones son claras y precisas.

2º. Hazte una película mental («resultado final»)

Visualiza que estás vendiendo la casa o que ya la has vendido (las dos cosas funcionan). Debe ser una película con imágenes claras, con detalles, rica en sentimientos y emociones. Tienes que sentir con todo tu cuerpo lo que experimentarás cuando lo consigas; debes permitirte dejarte llevar por la película e involucrarte plenamente, tener la sensación de que YA ESTÁS EXPERIMENTANDO ESO QUE QUIERES.

No te enfoques en cómo lo conseguirás ni cómo vendrá; solo visualiza el resultado final, aunque te parezca que estés muy lejos de conseguirlo.

«Resultado final»: es un concepto imprescindible para la eficacia de nuestras visualizaciones. La película mental que te hagas debe estar enfocada en lo que quieres experimentar, no en cómo lo quieres o en cómo pasará ni quién lo hará. No te limites.

Por ejemplo, un resultado final de la venta de la casa podría ser (hay infinitas posibilidades) verte cenando con tu mujer en un restaurante increíble brindando y celebrando la transacción por el precio que habíais decidido, con el contrato sobre la mesa, los dos felices degustando unos exquisitos manjares.

No me imagino quién me la compra, ni quién la vende, ni cómo se ha hecho... Solo me imagino y siento que ya se ha logrado.

3º. Visualizar «intensamente»

Cada día, durante quince o veinte minutos, busca los momentos de mayor impacto para el subconsciente: antes de irte a dormir o cuando acabas de despertarte; pero si no puedes en esas horas, hazlo en cualquier otro momento. Dedica siempre de cinco a ocho minutos a relajarte antes de empezar a visualizar.

Hay momentos en que nos resulta fácil relajarnos y momentos en que no, así que no luches con tu cabeza ni contigo mismo; póntelo fácil: lo puedes hacer solo o con una visualización guiada (puedes encontrar visualizaciones guiadas en la web www.tusdeseosteestanesperando.com).

Puedes complementar el trabajo de visualización con algunas maneras de mantenerte enfocado durante gran parte del día en tu deseo u objetivo. Te cuento algunas en el apartado «Cómo acelerar el proceso».

¿Y si no sabes muy bien lo que quieres?

Primer paso:
1. Clarifica

Ponte un papel en blanco delante y escribe. Contesta a las siguientes preguntas: si creyeras que todo es posible, que no hay límites, ¿qué es lo que realmente querrías? ¿Qué deseas realmente si no te comparas con nadie, ni piensas en lo que «deberías» desear? Si no tuvieras miedo a equivocarte, ¿qué decidirías? Si escucharas a tu corazón, ¿qué harías?

Si lo que quieres es algo material, puedes buscar información sobre el tema (libros, Internet, tiendas, agencias...) hasta aclararte totalmente. Por ejemplo, si quieres un coche pero no sabes cuál, puedes mirar marcas, modelos y características, hasta que tengas claro qué vehículo te gusta y qué condiciones debe tener.

Si haces este proceso y consigues clarificar tu objetivo, visualízalo como te he explicado en las páginas anteriores.

2. Decide cómo te quieres sentir

Aunque no sepas muy bien adónde quieres ir de viaje o qué trabajo te gustaría hacer, o si prefieres no elegir por ti mismo, no pasa nada; solo es imprescindible que sepas cómo te quieres sentir y algunas características del trabajo o el viaje o lo que sea que tengas claro: horarios, sueldo, trato, avión o tren...

Por ejemplo: «Quiero un coche de segunda mano por mil euros en buenas condiciones». ¿Cómo te sentirás cuando lo tengas?

SEGUNDO PASO:

Visualiza intensamente

Hazlo cada día entre quince y veinte minutos. Como no tienes imágenes de lo que quieres para recrearte, puedes ver cómo recibes la llamada del nuevo trabajo y te sientes feliz y sorprendido; o puedes ver que estás hablando con amigos o con la familia y les explicas cómo te sientes desde que has conseguido lo que querías.

Aquí tienes un ejemplo de diálogo visualizado: «¡María, no te lo creerás! He conseguido un fantástico coche de segunda mano en las mejores condiciones. El modelo me encanta; está nuevo por dentro y por fuera. ¡Y por solo mil euros! Me siento genial, muy satisfecha y agradecida. ¡Qué maravilla!».

Tanto los que saben lo que quieren como los que no, siempre que hagan las visualizaciones a diario comenzarán a ver pronto «señales» y casualidades. Si persistes visualizando SOLO EL RESULTADO FINAL, verás cómo tu realidad da un giro, muchas veces hacia donde menos te lo esperas, para entregarte el fruto de tu visualización.

Todos los ejemplos de visualizaciones que te propongo tienen en común lo siguiente:

- Deben ser diarias: hay que llevarlas a cabo por lo menos durante veintiún días, y no hay un máximo. Si te das cuenta de que lo que realmente deseas es otra cosa, redefine el objetivo o cámbialo totalmente.
- La mejor hora para hacerlas es justo antes de dormirte, porque tu subconsciente seguirá trabajando mientras duermes en la última información que le has dado. Otro buen momento es a primera hora de la mañana, cuando te despiertas.
- Puedes visualizar tantas veces como quieras al día. De hecho, cuanto más lo hagas, antes verás resultados.
- Antes de hacer una visualización es útil que estés bien relajado, con tu cerebro en frecuencia alfa (es un estado muy permeable a la información). Por eso, los

primeros minutos de las meditaciones o visualizaciones guiadas siempre están destinados a relajar el cuerpo y la mente.

- Durante la visualización no solo debes ver imágenes mentales, sino que tienes que sentir de forma intensa lo que crees que sentirás cuando lo consigas. Debes implicarte totalmente en la película mental, con todo tu cuerpo y tus sentidos (tienes que oler, escuchar, saborear...), sentir las emociones de estar viviéndolo, ver imágenes a todo color, tener pensamientos internos que estén en sintonía con lo que estás viendo en el interior, etc.

- Siempre tienes que visualizar el «RESULTADO FINAL», tal y como te gustaría que fuera si no hubiera límites. No tienes que visualizar cómo lo conseguirás; solo decide qué resultado es el ideal para ti y visualiza que ya lo has obtenido.

- En nuestro deseo, pedido o «resultado final», siempre tenemos que añadir las frases «por el bien de todos» y «esto o algo mejor». De esta manera abres aún más posibilidades; permites que si las cosas no son así sean de otra manera. Esta es una forma de eliminar límites; si te estás equivocando o quedando corto, te abres a recibir algo mejor de lo que has pedido o visualizado.

«La mejor manera de predecir el futuro es crearlo»

Rob H. William

¿Qué diferencia hay entre hacerlo y no hacerlo?

Hay dos maneras (probablemente hay más que desconozco) de conseguir lo que quieres: decidir qué quieres e ir a buscarlo haciendo todo lo necesario para conseguirlo y decidir qué quieres y permitir que venga a ti.

La visualización creativa genera la segunda opción. Elimina nuestras barreras internas, nuestros límites mentales que nos hacen pensar que lo que deseamos no es posible para nosotros, que está demasiado lejos, que no lo conseguiremos, que no nos lo merecemos, que nos falta algo para poder conseguirlo, que no somos lo suficientemente buenos... y muchas otras creencias limitantes (somos conscientes de algunas de ellas; de otras no).

Por tanto, y a raíz de utilizarla, empezamos a tener la sensación de que no hemos de luchar para conseguir lo que queremos. Cada vez nos parece más posible, nos sentimos más cerca de tenerlo; nos parece cada vez más fácil. Sentimos que solo hay que elegir y permitir, que estamos cada vez más abiertos a recibir lo que deseamos, y es aquí donde empieza la magia...

TE CONVIERTES, LITERALMENTE, EN UN IMÁN PARA TU OBJETIVO.

No tendrás que hacer más de lo necesario. Cuando llevas tiempo practicándolo, te das cuenta de que ya no haces tantas cosas a ciegas, sino que realizas una acción que es fruto de un impulso o intuición, y que con eso basta.

Si me dieran siete horas para talar un árbol, dedicaría seis horas a afilar el hacha y solo una a dar los golpes.
VERSIÓN DE UNA FRASE DE A. LINCOLN

IDEAS PARA VISUALIZAR

Para conseguir los mejores resultados utiliza las ideas presentadas aquí o inventa tu propia forma de hacerlo, pero no pierdas el tiempo cuestionándotelo todo. Disfruta de hacer «un experimento».

«Quien no cree, no es que sea un «escéptico» o un «agnóstico», sino que es un ignorante que no quiere salir de su error. Al no creer en lo que no ve, tampoco debería creer en los ultrasonidos, ni en la ley de la gravedad, ni en la electricidad...»

Damos total credibilidad a lo que captan nuestros sentidos: «Lo estoy viendo, entonces esto es verdad», «Lo estoy tocando, por tanto existe»..., pero si NO te abres a experimentar una REALIDAD más amplia (un 99,99999% más amplia), será difícil que puedas cambiar deliberadamente tu vida. Solo prueba, juega, experimenta y disfruta del proceso. Te esperan muchas «casualidades», muchas sincronías, muchas «señales» e *inputs*, MUCHA MAGIA...

A continuación expongo algunas ideas de cómo enfocar tus objetivos, pero prueba con todo, con cualquier cosa, aunque no aparezca aquí. Las posibilidades son infinitas.

Si tu imaginación, tu intuición o tu criterio te ofrecen una idea creativa mejor para ti, tómala; también te funcionará.

El esquema general ya lo tienes y los ingredientes de una visualización efectiva ya los conoces; ahora deja volar tu imaginación y ponte a crear todo lo que quieras.

¡TE DESEO TODO LO MEJOR QUE TE PUEDAS DAR!

ÁREA LABORAL

Conseguir tu trabajo ideal

Si tienes claro qué trabajo quieres, solo debes visualizarte realizándolo, con todos los detalles posibles. Incluye todas las características del trabajo que quieras y que tengas claras. Aunque te parezca que tu trabajo ideal no existe, visualiza con intensidad emocional, sintiéndote tal como te sentirías si ya lo tuvieras. También puedes tener pensamientos deliberados en la visualización, como: «Me encanta este trabajo», «Me muero de ganas de ir a trabajar», «Nunca habría pensado que existiría un trabajo así; es increíble»...

He sido testigo de mucha gente que ha encontrado trabajos muy buenos y muy parecidos al que visualizaban, algunas veces de forma muy rápida (en el plazo de pocos días o una semana) y otras veces en un par de meses (dependiendo de su constancia y compromiso con el objetivo). Hay personas que tiran la toalla en seguida, aunque estén viendo «movimientos» y señales en su vida relacionados con su objetivo... Ven que están pasando cosas, pero deciden no continuar... Deseo que tú optes por la perseverancia.

Ser seleccionado en una oferta de trabajo concreta

Puedes visualizar que te llaman para la entrevista; sientes la alegría e ilusión. Vas a la entrevista, que resulta ser un éxito; te llaman para darte trabajo y comienzas pronto. Te ves allí, feliz, satisfecho... Debes sentirlo intensamente, como si te estuviera sucediendo ahora.

O puedes visualizar directamente el resultado final: te visualizas trabajando allí, muy contento, desempeñando las labores propias de tu nuevo puesto de trabajo..., todo con mucha emoción, como si ya lo estuvieras viviendo.

Tienes que ir a una entrevista de trabajo

Decide qué es lo que te gustaría experimentar en la entrevista, cómo te gustaría sentirte, y después visualízalo con todo detalle e intensidad. En tu mente ya habrás hecho la entrevista varias veces antes de ir, y recuerda que la mente no hace distinción entre lo que visualiza y lo que vive. También puedes incluir que les encantas, que te dicen que eres su mejor opción, que estaban esperando a alguien como tú, etc.

Encontrar un trabajo aunque no sea ideal (porque todavía no sé de qué quiero trabajar)

Decide cómo te quieres sentir (satisfecho, ilusionado, feliz...) y qué características tienes claras: horario, ambiente laboral, utilidad de tu tarea... Puedes visualizar que hablas con un amigo, con tu pareja, con uno de tus padres o con quien quieras; les estás explicando la satisfacción que sientes desde que trabajas allí, que estás feliz, ilusionado, que el trabajo te permite ir a recoger a tu hijo a la escuela y que eso te hace sentir de maravilla, que gracias al sueldo sientes una gran tranquilidad, etc. No pongas límites.

Aumentar tu número de clientes y el éxito en tu negocio

Si es un restaurante

Visualiza que se llena cada noche (en tu mente debes servir cien cenas o más al día). Trabajas mucho y estás muy feliz, porque hace mucho tiempo que esto no pasaba. Cobras a los múltiples clientes, haces las cuentas del día y te sientes feliz; te salen los números mejor de lo que te han salido nunca... No importa cuánto tiempo lleves sin clientes, ni tampoco importa la crisis; visualiza intensamente y observa qué ocurre.

Si eres terapeuta o similar

Visualiza la sala de espera de tu consulta llena. Te puedes ver contestando llamadas y dando horas; tu agenda está llena. Tienes que sentir cómo te sentirías si tu realidad fuera así.

He podido ayudar a muchos terapeutas a aumentar su número de pacientes a través de la visualización creativa; algunos pasaron de no tener pacientes ni consulta a poner en marcha un negocio propio con una gran cartera de clientes en menos de tres meses.

Una terapeuta que tiene un centro de terapias me pidió una sesión porque sentía mucha angustia (el día antes tuvo que ir al hospital). En el centro no había movimiento y tenía miedo de verse obligada a cerrarlo. Hicimos una sesión (con una visualización incluida) y al día siguiente le salieron dos terapias seguidas (hacía meses que no pasaba esto). Le sugerí que era preferible que cerrara un día a la semana y viniera a uno de los grupos de «TODO ES POSIBLE». A raíz de esto, le aparecieron personas para hacer cursos y talleres en el centro, le han ido surgiendo terapias, la ansiedad fue bajando su intensidad («ansiedad» y «miedo» son lo mismo), ese mes le llegó un dinero inesperado para pagar el alquiler, etc.

Los que lo suelen conseguir (vale para este apartado y todos los demás) son los constantes. Aunque también he visto muchos cambios de un día para el otro. En todo caso, aunque no veas cambios en menos de una semana, continúa, porque los verás.

Si tienes una tienda

Visualiza la gente entrando, interesada en tus productos, realizando compras... Incluye frases como: «¡Guauuu! ¡La tienda llena!, me encanta». Puedes incluir tu cuerpo dentro de la visualización; estás moviendo los dedos como si tecleras la caja registradora, o envolviendo regalos, o pasando las tarjetas de crédito por la máquina...

Debe ser una película llena de detalles, de sensaciones, de pensamientos, de emoción, de realidad.

Si eres autónomo y tienes un taller o una empresa de servicios a domicilio o cualquier otro tipo de negocio

Adapta la visualización a tu caso concreto. Decide cuál es el «resultado final» que quieres ver, qué te gustaría que estuviera sucediendo, y visualiza intensamente.

Si te encuentras en una situación crítica, deberás hacerlo más a menudo, tanto como puedas y sintiéndote como si realmente YA ESTUVIERA PASANDO; esto es muy importante. Sea cual sea tu negocio y tu situación, puedes empezar a cambiar tu tendencia negativa visualizando en tu mente y sintiendo en tu corazón que el éxito ya es una realidad.

¡Prueba!

Empezarás a ver movimientos externos, incluso puedes tener intuiciones sobre hacer algunos cambios en el negocio, cosas en las que no habías pensado. Sigue tus impulsos y continúa con las visualizaciones diarias.

ÁREA DE LAS RELACIONES

Mejorar tus relaciones con los compañeros de trabajo

Hazlo igual que la visualización de «Mejorar la relación familiar» (página 69), pero adaptada a los compañeros de trabajo, incluso a tus jefes.

He podido escuchar historias increíbles: cambios evidentes en la relación y en la forma de hablar de los jefes, alteraciones positivas en el ambiente laboral, traslados de departamento que suponían un cambio muy beneficioso de compañeros, etc.

Encontrar a tu pareja ideal

Decide qué quieres de una relación: ¿cuál sería la relación ideal para ti?, ¿qué debe tener tu pareja?; haz una lista...

Como no puedes ponerle cara, visualiza que hablas con un amigo o con tus padres y les explicas que has conocido a la persona ideal para ti, que estás feliz. Utiliza la lista para extenderte en la explicación de cómo es esa persona y tu nueva relación. Mi experiencia en esta área es que la gente que hace tiempo que no encuentra pareja tiene muchas creencias limitantes sobre su edad, generalizaciones sobre los hombres/mujeres, baja autoestima..., así que lo más probable es que al empezar con las visualizaciones se hagan más conscientes de estas creencias. Continúa visualizando e irán apareciendo personas que quizás no serán las definitivas, sino que se parecerán a lo que ya has vivido. Disfruta de lo que te ofrecen estas nuevas personas, pero no las conviertas en tu objetivo. Mi consejo es que sigas visualizando el resultado final: lo que quieres de una relación y cómo te quieres sentir. Y que se quede en tu vida quien esté en plena sintonía con el resultado deseado. Así, continuarán apareciendo otras personas y escogerás libremente aquella que realmente sintonice con lo que quieres. Evitarás escoger por miedo a que no aparezca nadie más.

Volver con tu expareja

Si crees que lo que deseas es volver con tu ex, decide cuál es el resultado final que quieres experimentar y visualízalo intensamente a diario. A medida que pasen los días observarás movimientos: o de acercamiento de tu expareja hacia ti (lo cual significará que ella también desea lo mismo que tú y está en sintonía vibratoria con tu deseo) o de alejamiento (significará que ella no desea lo mismo que tú; la verás de la mano de alguien o te dirán que tiene pareja, recibirás «mensajes» claros de que no está por la labor). Es aquí donde yo te aconsejo que no insistas más; tienes que soltar la idea de que «él» o «ella» es el hombre o la mujer de tu vida. Pasa por el duelo si es necesario y después enfócate en la relación ideal que querrías tener haciendo visualizaciones para «encontrar a tu pareja ideal».

Esta opción solo se la aconsejo a quien aún está energética, mental y emocionalmente apegado a su ex y eso no le permite avanzar hacia una nueva pareja. Comprueba por ti mismo cómo se aleja o se acerca cuando te abres a decir: «Sí, quiero estar con él/ella». Lo he comprobado muchas veces, una intención abierta de un «sí total» lo mueve todo.

ATENCIÓN:

Cuando nos decidimos a elegir algo «ideal», nos limitamos a nuestra realidad de ahora; buscamos quién puede ser esa persona dentro de nuestro panorama actual, y eso es un error. Debes abrirte a pensar que hay infinidad de personas que ahora mismo no conoces y que pueden estar buscando lo mismo que tú.

ÁREA FAMILIAR O PROYECTO DE FAMILIA

Quedarte embarazada

Busca y mira un vídeo sobre cómo se fecunda un óvulo y cómo es el proceso de gestación de un embrión. Visualiza el proceso de fecundación y gestación dentro de ti, mira cómo el embrión va creciendo semana a semana, mes a mes. Visualiza que te crece la barriga, que llevas ropa de embarazada, que estás preparándole la habitación y comprando o recibiendo (según tu ideal) todas las cosas materiales que necesitas: cochecito, cuna, ropita... Tienes que sentirte tal y como te sentirás cuando lo experimentes en tu vida. Visualízate con tu pareja, feliz por el embarazo, con tantos detalles como quieras, ¡cuantos más mejor! Y ponle mucho sentimiento; tienes que conectar intensamente con los sentimientos.

He visto muchas mujeres que no podían quedarse embarazadas (a algunas el médico les había diagnosticado esterilidad y otras llevaban años de intentos a sus espaldas, incluso in vitro) disfrutando de su gestación tras visualizar intensamente con continuidad.

El tiempo que tardarás depende en parte de cómo de arraigada esté en tu inconsciente la idea de que no puedes ser madre y, sobre todo, de tu constancia. Se irá reprogramando toda la información inconsciente que no te ha permitido que experimentes un embarazo todavía.

Estimular la lactancia materna

Visualiza dos, tres o más veces al día cómo tu bebé se agarra al pecho y mama; le «ves» cómo mueve la boca y cómo traga toda la leche que quiere. Te puedes imaginar intensamente que te sacas leche y sale en cantidad. Te has de sentir muy feliz al ver cómo te aumenta la leche, incluso cómo puedes extraerte leche para llenar biberones.

Incluye afirmaciones positivas que te dirás internamente, como: «Cada día sale más», «¡Me encanta alimentar a mi bebé con mi leche!» u otras similares.

Al principio tendrás la sensación de que no te funciona, de que tú imaginas algo pero que la «realidad» es otra; persevera, por favor. He visto mujeres que lo han logrado así. Repite, repite, repite, y le estarás dando unas órdenes muy claras a tu cuerpo sobre lo que debe hacer. Recuerda que el cuerpo sigue a la mente.

Puede ayudar ver vídeos por Internet de mujeres dando el pecho plácidamente con leche abundante. A tu mente le será muy útil tener imágenes con movimiento que enriquezcan tu visión.

Favorecer un parto ideal

Comienza al octavo mes o incluso antes a visualizar el parto que quieres tal y como lo quieres. Decide todos los detalles: el lugar donde deseas parir, qué personas quieres que estén, el sentimiento de serenidad y entrega del momento, cómo respiras durante las contracciones, cómo va sucediendo todo con armonía y belleza. Visualiza que te sientes en plena confianza con la comadrona y todo el proceso: ves cómo nace el bebé, cómo te lo ponen encima, en el pecho; sientes su calor, el amor...

Crea en tu mente la experiencia ideal y visualízala a diario antes de ir a dormir (durante quince o veinte minutos). Cuando falten pocos días para el parto, puedes hacerlo más de una vez al día.

Busca vídeos de partos que se parezcan a lo que tú quieres; míralos a menudo. Esto te ayudará a enriquecer tu visualización. Cuando llegue la hora del parto, ya habrás pasado por él al menos sesenta veces mentalmente.

Facilitar la dilatación a la hora del parto

A una amiga mía que llevaba muchas horas sin dilatar más de tres centímetros durante el parto le dijeron que al ritmo que iba no lograría llegar a los diez centímetros ni en toda la noche. Yo la estaba acompañando durante el parto y le sugerí que cerrara los ojos y se imaginara cómo los tejidos se hacían cada vez más flexibles, que viera la apertura y cómo toda la zona se dilataba y dilataba... Ella respiraba y sentía que se expandía...

Una hora y media después había dilatado diez centímetros y el bebé estaba naciendo. La ginecóloga no nos escuchaba y no nos hizo mucho caso, hasta que se encontró con la cabeza del bebé saliendo. Tres empujones fuertes y la pequeña ya estaba fuera.

Recuperarte rápidamente de una cesárea o de los puntos de un parto

Visualízate caminando perfectamente por algún lugar que te guste, realizando cualquier actividad de la misma forma que lo haría una mujer que está perfectamente. Felicita a tu cuerpo por cicatrizar tan bien y por recuperarse tan increíblemente deprisa. Tienes que conectar con el sentimiento. Haz la visualización dos veces al día o las que quieras; cuanto más lo hagas, más rápidamente obtendrás el resultado.

Lo comprobé por mí misma: unas cuarenta horas después de la operación estaba caminando con total normalidad; me saltaban las grapas de la cicatriz (la enfermera me las tuvo que sacar mucho antes de lo previsto).

Mejorar la relación familiar

Decide qué es lo que quieres ver en tu familia, cómo te gustaría que fuera tu relación con ella, cómo te quieres sentir, qué necesitas. Crea la película ideal, tal y como querrías que fuera. Recréate en la visualización: detalles, sentimientos, pensamientos, imágenes… Debes sentir que ya lo estás viviendo, ya se trate de tu relación con tus padres, con tus hermanos o con tus hijos.

Te aconsejo que lo hagas especialmente antes de acudir a algún compromiso familiar. Antes de salir de casa prepara el terreno visualizando de forma ideal qué te gustaría experimentar en esa cita familiar. Muchas veces se obtienen resultados sorprendentes a la primera, pero a veces se requiere repetir la visualización durante un tiempo.

Si existe algún conflicto grande que te gustaría resolver entre un familiar y tú pero no sabes cómo, visualiza el resultado final: os veis, os abrazáis, os pedís disculpas mutuamente, os confesáis el dolor y la pena que sentíais por no saber cómo acercaros, etc. Lo que tú quieras, pero debes sentirlo por dentro. Te estás reconciliando en tu mente.

No fuerces ninguna acción respecto a ese familiar; solo actúa si sientes el impulso y no tienes miedo ni ansiedad al hacerlo. Sigue visualizando cada día el «resultado final». No pienses en cómo lo harás. Irá sucediendo.

He acompañado a personas a superar sus conflictos familiares y ni siquiera saben explicar de forma lógica cómo han pasado de estar hundidas por la horrible relación con sus padres u otros familiares a recibir cuidados por parte de ellos que nunca antes habían experimentado.

De hecho, cuando utilizas la visualización a diario, te das cuenta de que en tu vida van cambiando cosas de forma colateral; cambian situaciones que no eran el objetivo que te habías propuesto. Esto sucede porque al visualizar con constancia cambia tu energía, tu vibración, de modo que empiezas a atraer situaciones, personas, hechos y objetos que vibran en sintonía con un nuevo «tú».

ÁREA DE LA SALUD

Lo más increíble no es la curación en sí, sino la extraordinaria capacidad que tiene nuestro cuerpo para autocurarse.

El problema es que no siempre permitimos la autocuración, sobre todo cuando se trata de enfermedades consideradas graves, porque no confiamos en la naturaleza de nuestro cuerpo, ni en el poder de nuestra mente (que está afectando al cuerpo todo el tiempo, para bien o para mal), ni en que SOMOS básicamente ENERGÍA vibrante.

Ya lo he dicho antes, pero es muy importante reflexionar sobre esto: nuestros ojos ven objetos, no ven átomos, pero eso no quiere decir que no estemos hechos de átomos, ¿verdad? Pues tampoco vemos la energía, aunque en un 99,99999% SEAMOS ENERGÍA (lo entiendas o no, lo aceptes o no, lo creas o no).

He tenido el privilegio de haber sido testigo de muchas curaciones sorprendentes:

- Una chica hizo «desaparecer» un tumor en el cuello de su útero en dos meses. Como no había forma de saber cómo iba su proceso interno, decidió operarse. La sorpresa fue que ya no había tumor.
- Una señora de cincuenta y seis años y con 45 kilos a la que le habían pronosticado dos meses de vida por un cáncer extendido por todo el cuerpo y demasiadas «quimios» (ya no podían aplicarle más) sufría dolores por todo el cuerpo y casi no podía andar. Cuando le hicieron las pruebas, no podían creerlo: el cáncer había desaparecido. Revisaron las pruebas hasta tres veces.

No todas las personas obtienen una curación física, pero siempre consiguen una mejora importante de su calidad de vida. La enfermedad y su proceso médico les resultan mucho más llevaderos. Una chica a la que acompañé, que tenía un pronóstico muy grave y complicado, me dijo que había sido uno de los mejores años de su vida. Encontró paz y alegría incluso en la enfermedad. La «curación» sucede en el cuerpo, mientras que la «sanación» es un proceso profundo que ocurre en el alma.

Sobre todo, no quiero crear confusión; yo no he curado a esas personas. Se han curado solas, gracias a que han asumido la responsabilidad de su enfermedad, gracias a su constancia y apertura a probar algo diferente.

Sus cuerpos se curaron porque están diseñados para hacerlo y porque estas personas quisieron hacer un cambio de enfoque y trascender su «realidad». Solo se necesita perseverancia para obtener buenos resultados.

Piénsalo: EL CUERPO SIEMPRE SIGUE A LA MENTE; SIEMPRE. Donde esté tu mente irá tu cuerpo.

Acelerar la recuperación o la convalecencia

La visualización será similar a la de la cesárea, pero adaptada al tipo de recuperación que necesitas.

Acelerar la recuperación de un hueso roto

Visualiza cómo la fisura del hueso se va uniendo. Aunque tengas el miembro escayolado puedes visualizar intensamente cómo se regenera el hueso. Utiliza pensamientos de confianza en tu cuerpo, en su inteligencia innata y su capacidad para autocurarse.

Hay gente que visualiza el hueso lleno de luz sanadora, pero a mí me funciona muy bien utilizar, en las visualizaciones relacionadas con el cuerpo, a los personajes de dibujos de *Érase una vez la vida*. Puedes visualizar cómo unos obreros tapan la fisura con un mortero blanco de cal hasta dejarla perfecta y lisa. A mí me divierte visualizar las curaciones así.

Acelerar la recuperación de alguna extremidad que ha sido enyesada o inmovilizada durante mucho tiempo

Visualiza intensamente que empiezas con la recuperación física: mueves mentalmente el brazo, la pierna... igual que lo harás cuando te quiten el yeso. Se trata de la misma recuperación que harás después, pero la comienzas a realizar mucho antes en tu mente. El cuerpo seguirá a tu mente.

Acelerar la cicatrización

Tanto si se trata de una herida interna (cirugía) como de una externa (quemadura, rasguño o corte), visualiza intensamente y con todo detalle la cicatrización. Ayuda mucho conocer el proceso fisiológico corporal. Busca vídeos sobre esto para tener imágenes muy claras en tu mente de lo que debe hacer tu cuerpo. Mira la sección «Cómo acelerar el proceso». Si desconoces el proceso fisiológico del organismo, utiliza tu imaginación para hacerlo de otra manera.

Un ejemplo: hace unos diez años, estaba friendo croquetas en una sartén con abundante aceite cuando se me vertió encima, en el abdomen y los muslos. Fue muy doloroso en el momento, pero decidí probar a autocurarme (de la manera que aprendí en un curso de osteopatía energética biocelular con Montserrat Gascón) mientras mi compañero me miraba como si me hubiera vuelto loca. Me quité la ropa, puse la mano sobre una superficie bien fría (el mármol del lavabo) y después sobre una parte de la zona de la quemadura, sin tocar la piel. Si un día lo tuvieras que hacer (ojalá que no), notarás que aumenta el dolor en la zona momentáneamente y que luego baja hasta desaparecer. Me imaginaba que la mano fría absorbía el calor de la quemadura y cuando sentía que ya estaba muy caliente la volvía a poner sobre el mármol. Hice esto con todas las zonas que estaban al rojo vivo. Diez minutos después no sentía ningún dolor. No me quedó ninguna cicatriz ni me salieron ampollas.

También lo he vivido con muchos cortes en las manos producidos por cuchillos, incluso por una máquina cortafiambres (hice de cocinera muchos años). Algunos de esos cortes eran muy profundos. Me ponía gel de aloe vera sobre el corte (me limpia la herida y ayuda muchísimo a la cicatrización) y visualizaba cómo iban cicatrizando muchas capas finas, desde dentro hacia el exterior de la herida. La mayoría de los cortes que me he hecho no me han dejado cicatriz; solo tengo tres, casi imperceptibles.

Si necesitas ir al médico, hazlo; si tienes que ir al hospital, hazlo; pero si lo complementas con la visualización creativa, experimentarás una recuperación y una curación mucho más rápidas.

Sanar un problema de salud causado por un accidente (de tráfico, laboral, una caída...)

Crea en tu mente una historia diferente; cambia lo que ocurrió por lo que te habría gustado que ocurriera. Cambia la película totalmente, o el final, e irá desapareciendo de las células el impacto del accidente o del suceso. Se acelerará la recuperación. Visualiza la nueva historia intensamente, con mucha emoción y detalles, entre quince y veinte minutos cada día antes de ir a dormir.

Aliviar o curar una enfermedad o una lesión

Un amigo utilizó la visualización creativa, de forma intuitiva, para curarse la espalda cuando estaba ingresado en el hospital y le dijeron que no podría caminar nunca más. Se cayó de un árbol desde bastante altura y se rompió la columna vertebral. Estuvo bastante tiempo ingresado en el hospital. Postrado en la cama, decidió empezar a visualizar cómo «unos pequeños trabajadores» ponían unos andamios en su columna e iban trabajando vértebra a vértebra arreglando los desperfectos, dejándolas nuevas. No recuerdo cuánto tiempo después comenzó a caminar, a hacer rehabilitación (bajo la mirada de sorpresa del equipo médico). Recuperó todas sus capacidades físicas e incluso años después aprobó las pruebas para ser bombero.

Reducir o eliminar un dolor

Hay muchas maneras de utilizar la visualización con esta finalidad (de hecho, te invito a que utilices tu imaginación para crear tu forma de hacerlo):

- Visualiza cómo es el dolor: qué forma tiene, de qué color te lo imaginas; obsérvalo un momento. Visualiza cómo su forma va haciéndose más pequeña y adquiere un color menos intenso. Repítelo muchas veces.

- Hay gente que se imagina que el dolor es un humo negro que sale hacia fuera del cuerpo a través de la zona afectada.

- Mi forma de paliar mis dolores (la verdad es que no tengo muy a menudo) es describirlos: «Parece que tenga un palo en la espalda», «Siento unas punzadas como de cristal roto en la barriga». Entonces utilizo esta imagen y visualizo la película mental en la que le pido a alguien que me saque el palo de la espalda y siento cómo va saliendo, por ejemplo. Cada vez se me ocurre una idea diferente, en función del tipo de dolor y de su intensidad.

Habrá veces que deberás tomarte un antiinflamatorio igualmente, sobre todo al principio. Con la práctica, la respuesta del dolor a la visualización intensa te llegará antes. No esperes eliminar el dolor en cinco minutos; sé constante con la experiencia de la visualización.

Una participante de los grupos de «TODO ES POSIBLE» llevaba muchos años con dolores por todo el cuerpo; dormía prácticamente sentada. Decidió visualizarse llevando a cabo actividades que en aquel momento no podía realizar. Conectaba intensamente con la emoción de sentirse bien, sin los dolores corporales, y poco después de un mes pudo tumbarse en la cama para dormir por primera vez en dieciséis años. Al día siguiente le dolía el cuerpo y decidió proceder más despacio. Ahora duerme casi plana; no toma prácticamente antiinflamatorios (antes tomaba alrededor de tres al día) y ha dejado la cortisona, por resultarle innecesaria.

También he utilizado afirmaciones propias y las he repetido constantemente, hasta que dejaba de sentir el dolor. Por ejemplo, uso la frase «estoy sana y fuerte como un roble» (los robles me evocan fuertemente una sensación de salud, de fortaleza y de aplomo). Cada vez que me digo esta frase mi cerebro ve el roble y conecta con todas mis asociaciones positivas y los sentimientos correspondientes. Por lo tanto, mi cuerpo reacciona a esta información recuperando la salud y siendo más fuerte.

A nivel espiritual diríamos que conectas con la esencia, con la energía del roble, y a través de él recibes esas propiedades. Ambas cosas son ciertas.

Al principio puede parecer que no funciona porque el dolor puede no marcharse instantáneamente, pero sigue repitiendo la práctica. Empezarás a sentir que el dolor pierde intensidad e incluso te olvidarás de él. Cuando te des cuenta, hará rato que habrá desaparecido.

Aliviar o eliminar un dolor de espalda (contractura o solo tensión)

Túmbate en la cama, cierra los ojos e imagínate que el mejor masajista del mundo ha venido a hacerte un masaje, del tipo que quieras. Visualiza que te pone las manos en la espalda y va haciendo movimientos, tal y como a ti te gustan (suaves o fuertes, según lo que necesites). Observa las sensaciones que se generan en tu cuerpo. Visualiza los brazos del masajista moviéndose y deshaciendo la contractura mientras lo sientes en tu espalda.

Si te abres a probarlo, te sorprenderás de los efectos. Personalmente, hace muchos años que no tomo ningún antiinflamatorio para el dolor de las contracturas. Tengo un equipo de masajistas a mi servicio; a veces se trata de un quiromasajista, a veces de un experto en shiatsu, a veces de un quiropráctico... También tengo a mi disposición un equipo de terapeutas energéticos cuando lo necesito.

Aliviar o curar a otra persona

La visualización funciona para seres humanos, para animales, para plantas, etc. Puedes usarla tanto para ti como para ayudar a recuperarse a otra persona. Puedes visualizar intensamente cómo mejora, cómo se recupera, cómo sale del hospital, cómo supera la enfermedad...

Cuando lo haces para otra persona, no estás manipulando su proceso; solo estás escogiendo (como «observador») la posibilidad (de las infinitas que hay) más deseada.

Estarás poniendo atención y energía en lo que quieres ver. Aunque el desenlace, en este caso, depende de ellas, te sorprenderás de ver cómo la mayoría de las personas empiezan a mostrar una mejora increíble.

Curar a un animal

Visualiza intensamente, a diario, el resultado final. ¿Cómo lo quieres ver? Escoge el resultado final y empieza a verlo claramente y con sentimientos en tu pantalla mental. Repite afirmaciones tanto interiormente como delante de él.

Un ejemplo real: una señora tenía una perra que sufrió un accidente grave. Se quedó tetrapléjica y tenía una parte del cerebro muy perjudicada. El veterinario le dijo que había que operarla, pero que era una intervención muy complicada y sin garantías de éxito. La mujer decidió reunir a su familia y les pidió que a partir de ese día todos visualizaran cómo mejoraba la perra, que comía, que caminaba... También les dijo que repitieran diariamente afirmaciones del tipo «la perrita cada día está mejor». Al cabo de una semana empezó a recuperarse, y un mes y medio después estaba completamente sana, sin ninguna señal de haber sufrido nada grave.

Borrar las consecuencias de alguna experiencia no superada o traumática del pasado

Si te sigues emocionando al pensar en ello es porque lo tienes presente (tu mente no lo tiene archivado como «pasado»; por eso te sigue afectando).

Usa la imaginación para crear en tu mente una historia diferente, tal y como habrías querido que sucediera. La mente no hace distinción entre lo que estás viviendo y lo que estás visualizando, no porque sea estúpida, sino porque toda realidad (externa o interna, física o mental) sucede en ella. Decide qué película habrías querido ver y visualízala cada día intensamente, con emoción y detalles, entregándote a esta nueva realidad cada día durante quince o veinte minutos antes de dormir.

Observarás, cuando lleves unos días o semanas haciéndolo, que progresivamente las consecuencias psicológicas y emocionales del suceso traumático irán desapareciendo y aparecerán las consecuencias positivas de la nueva experiencia. Esto es una reprogramación. Se trata de una decisión importante; debes desapegarte de lo que ocurrió y dejar de identificarte con eso. Aquello ya no tiene remedio; ahora te queda elegir durante cuánto tiempo quieres continuar sufriendo por ese acontecimiento.

Te aseguro que sé perfectamente de lo que te estoy hablando, y también te garantizo que el resultado del cambio de la experiencia mental transformará tu vida.

Lo he comprobado en mí misma.

ÁREA PERSONAL

.

Adelgazar o engordar

Decide cuál es tu peso ideal. Visualiza que te pesas y que la báscula señala justamente la cifra que quieres. Te sientes de maravilla. Puedes verte poniéndote los pantalones que tanto te gustan y sentir que te van a medida. Sientes que tienes el cuerpo que quieres y te gustas mucho; te sientes muy bien.

Dependiendo de cuántos kilos quieras adelgazar, tendrás que pasar un tiempo de «contradicción», pues te visualizarás delgada y en la «realidad» aún te sobrarán kilos; aquí es donde tendrás que interiorizar que aunque de momento no veas los resultados deseados tendrás que continuar con la visualización. El cuerpo siempre sigue a la mente. Es básico que sepas mantener tu mente en el lugar donde quieres que vaya tu cuerpo.

Una chica de los grupos está adelgazando sin cambiar sus hábitos, solo visualizando el cuerpo que quiere y sintiéndose ligera físicamente. Tiene un problema de tiroides (de momento) que durante años no le ha permitido adelgazar.

Encontrar tu propósito de vida o misión

Si ya sabes en qué consiste tu misión de vida, solo tienes que visualizarte llevándola a cabo, sintiéndote muy feliz y realizado.

Si no sabes cuál es, visualízate hablando con alguien a quien explicas que te sientes de maravilla desde que estás realizando tu propósito. Conecta con lo que crees que sentirías si lo estuvieras viviendo. Sé constante.

Aumentar tu autoestima

Puedes conseguirlo repitiendo afirmaciones todo el día: «Cada día me gusto más», «Soy una persona interesante», «Me quiero y me acepto tal y como soy», etc. Las frases que decidas repetir tienen que hacerte sentir bien (mira, en la sección «Cómo acelerar el proceso», el apartado «Afirmaciones»). También puedes visualizar a diario: te ves haciendo lo que te gusta y conectas con la sensación y el sentimiento de sentirte bien contigo mismo. Enriquece al máximo la película mental. Siente alegría, paz, estabilidad...

Visualízate haciendo cosas que te hagan sentir precisamente eso que has decidido sentir en tu vida. Hazte una película que genere esas emociones en el preciso momento en el que estás visualizando. Regodéate al máximo.

Cambiar aspectos de tu carácter

Decide qué cosas no te gustan de ti y quieres cambiar.

Por ejemplo, «siempre discuto con mi mujer». En ese caso, visualiza intensamente a diario que conversas con ella de forma divertida, con complicidad, y que cuando dice algo que no te agrada se lo expresas con tranquilidad, de forma asertiva.

En tus visualizaciones debes ser como quieres ser: sin aquello que no te gusta e incorporando lo que te gustaría tener (por ejemplo, más sentido del humor, paciencia, empatía, etc.). Puedes modelarte y reinventarte tanto como quieras.

Tu carácter no eres tú. El carácter solo es una forma de ser que has imitado desde pequeño o repetido durante mucho tiempo y con lo que te has identificado. El monólogo interno de tus pensamientos es lo que sostiene tu carácter. Si no te gusta, cámbialo.

«Siembra un carácter y recoge un destino».
Paramahansa Yogananda

Aumentar tu carisma y magnetismo con la gente

Visualízate rodeado de gente que te escucha, te abraza y te valora. Te felicitan por ser como eres y te sientes genial, integrado, valorado. Te puedes ver como un imán que atrae hacia ti a gente positiva, especial, enriquecedora...Visualiza intensamente y permite que todo tu cuerpo sienta lo que sentirás.

Quitarte el miedo a hablar en público

Visualízate haciendo la charla o la reunión tal y como te gustaría que fuera. Te sientes seguro, te ves hablando sin complejos y la gente escucha con interés, etc.

Visualízalo intensamente muchas veces; así, cuando llegue el momento real de la reunión o la charla, tú ya la habrás vivido en tu mente en muchas ocasiones. Tu mente no hará distinción entre lo real y lo visualizado.

ÁREA DEL DINERO

Aumentar tus ingresos

Clarifica y decide cómo es tu vida ideal. ¿Cómo sería tu vida si tuvieras todo el dinero que desearas?

Visualízalo con intensidad y con todo detalle. Siente plenamente la emoción de estar viviendo tu vida deseada AHORA MISMO. No te compares con nadie, ni te pongas límites. Disfruta al máximo. No importa si crees que es posible para ti o no; simplemente HAZLO.

Pagar las deudas

Visualízate pagando las deudas que tienes, entregándoles a las personas el dinero en mano y dándoles las gracias por haber confiado en ti. O yendo al banco para pagar la deuda y sintiéndote ligero después de hacerlo. Tienes que conectar al máximo con la liberación que supone sacarte las deudas de encima.

Mi experiencia es que a la gente que tiene deudas le cuesta más aumentar sus ingresos, porque, inconscientemente, saben que gran parte del dinero que ganarán será para pagar las deudas, y eso les da rabia.

Paralelamente a la visualización, empieza a pagar las deudas, aunque sea poco a poco (de euro en euro si es necesario); así verás aumentar tus ingresos mucho más rápidamente.

Cubrir las necesidades básicas

Visualízate intensamente pagando las facturas con la tranquilidad de quien tiene suficiente dinero, comprando en el mercado los alimentos que te gustan, etc. Imagínate tu vida teniendo dinero para cubrir sobradamente tus necesidades básicas. Tienes que sentirte tal y como te sentirías si lo estuvieras viviendo.

Hacer un viaje

Si tienes claro adónde quieres ir

Busca información del lugar, vídeos, fotos... Prepara la ruta que querrías hacer si tuvieras el dinero. Te has de sentir bien haciéndolo. No pienses en cómo lo pagarás; solo prepara la información, como si tuvieras dinero de sobra.

Visualízate intensamente cada día haciendo la ruta, realizando el viaje tal y como te gustaría hacerlo, con todos los detalles. Sobre todo, tienes que sentir como si ya lo estuvieras llevando a cabo.

Si no tienes claro adónde ir

Visualízate intensamente cada día contándole a una amiga lo maravilloso que ha sido tu viaje: le explicas que te lo has pasado genial, que te has sentido muy bien, que todo fluía con una facilidad increíble, etc.

Ir a comer a un restaurante, hotel o parador especial (tengas o no tengas en estos momentos el dinero)

Decide a qué lugar te gustaría ir. Busca información en Internet: dónde está, fotos, los servicios que tienen, la carta... Mientras lo buscas ya has de sentirte bien: «¡Qué lugar más bonito, qué maravilla!». Puedes incluso ir (si no está lejos de casa) y ponerte delante para seguir admirándolo. El enfoque no debe ser: «Qué bonito; algún día, cuando tenga dinero, vendré aquí a comer», sino: «¡Qué bonito; estoy tan feliz de vivir esta experiencia! ¡Me encanta este lugar, el ambiente, la comida... Mmm, qué experiencia tan sublime... ¡Comer aquí es un deleite para los sentidos!».

Visualiza intensamente cada día tu experiencia en el lugar deseado como si ya la estuvieras viviendo.

Comprar objetos, realizar cursos, pagar servicios...

La forma más fácil y rápida de conseguir más dinero es tener claro para qué lo quieres –para pagar recibos, para comprarte unos zapatos, para viajar a Florencia, para la academia de inglés, etc.– y visualizarte usándolo para ese fin: te ves pagando los recibos tranquilamente, yendo a comprar los zapatos que te gustan, en el avión hacia Florencia y paseando por la ciudad, estudiando inglés en la academia que quieres... con todos los detalles que desees.

¡ENFÓCATE SIEMPRE EN EL RESULTADO FINAL!

Paséate por las zapaterías. Pruébate zapatos hasta que decidas cuáles quieres.

Visualízate cada día yendo a comprarlos, que te los pruebas y que te vas con ellos puestos muy feliz. Puedes repetirte: «¡Qué zapatos tan bonitos!, son los que quería...» (debes implicarte emocionalmente en la visualización). Procede así con cualquier cosa que quieras comprar o realizar (aunque no tengas el dinero en el momento actual): muebles, cursos de formación, objetos de decoración, la compra en el supermercado, etc.

Puede que te llegue el dinero para comprarlo o que aparezca otra vía: que te lo regalen, que alguien te lo dé... ¡Es increíble! Experiméntalo tú mismo. ¡Yo lo he experimentado tantas veces que ya no tengo dudas!

Del mismo modo, puedes visualizar el dinero en sí; cómo te lo dan, cómo lo ingresas en el banco, cómo te lo gastas, etc. Te puedes sentir como si fueras un imán que atrae el dinero; también puedes visualizar un árbol que en vez de hojas tiene billetes y tú vas tomando tantos como quieres. No hay límites; imagínalo como quieras, pero que te haga sentir bien. Al principio deberás mantener la constancia, aunque no veas los resultados deseados y haya mucha diferencia entre tu visualización y tu situación actual. En serio, persiste. Si tu situación es crítica, con más motivo haz la visualización una, dos o tres veces al día y utiliza algunas de las ideas del apartado «Cómo acelerar el proceso» Tu energía y tu vibración empezarán a cambiar.

Todas las personas a quienes he atendido por sus problemas económicos tenían una cosa en común: creencias limitantes y asociaciones negativas sobre el dinero.

Puedes dedicarte a cambiar tus creencias haciendo un trabajo de autoconocimiento o visualizando tu vida con el dinero que quieres (con constancia, la reprogramación mental inconsciente se hará sola). No te juzgues, no te compares con nadie. Yo misma he experimentado el cambio sustancial de esta área de mi vida.

Somos el resultado de nuestros pensamientos.
Buda

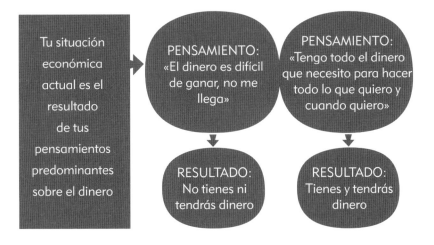

ÁREA DE COMPRAVENTA

Encontrar un piso o casa de alquiler ideal

Las dos últimas casas que hemos alquilado mi compañero y yo las hemos encontrado utilizando la visualización creativa. No hemos tenido que ir a ninguna inmobiliaria. Decide qué características quieres, sin límites: metros cuadrados, número de habitaciones, ubicación, precio, mobiliario..., todo.

Nuestra casa actual se corresponde sorprendentemente con nuestra lista de características y con la visualización que hicimos. Incluso los muebles coinciden.

Busca imágenes de lo que quieres.

Estuvimos utilizando un programa de televisión en el que mostraban los interiores de muchas viviendas, y eso nos ayudó a aclararnos. Hablábamos de lo que nos gustaba de cada una, hasta que tuvimos nuestra lista hecha con todas las características IDEALES. Este proceso de clarificación tardó unos meses (no teníamos prisa y lo hacíamos por «jugar»). Aparte de eso, me paseé un par de veces por urbanizaciones regocijándome mirando las casas, valorando las que me gustaban y por qué. Una vez decidido lo que queríamos, tardamos una semana en recibirla: es la casa de nuestros sueños, literalmente.

No fue necesario pisar ni una inmobiliaria; en nuestra lista incluimos que los propietarios buscaran inquilinos en los que confiar. La única acción que hice fue enviar un mensaje por teléfono a la persona adecuada (una amiga que vivía en el pueblo donde decidimos que queríamos vivir nosotros) y a los tres días una señora a la que le hacía la segunda sesión en la consulta me la ofreció. Cuando vimos la casa no nos lo podíamos creer: tenía TODO lo que queríamos, incluso el precio era el adecuado.

Si no tienes claro qué tipo de casa quieres

No pasa nada. Una chica estuvo visualizando que la llamaban y le ofrecían un piso perfecto para ella. Lo hizo durante un mes, cada día. Sin buscarlo, recibió un número de teléfono de un propietario que necesitaba a alguien de confianza a quien alquilar el piso. Lo logró sin mover un dedo; solo hizo un comentario acerca de que le gustaría independizarse. Llamó al propietario, vio el piso, le encantó y se mudó. Así de fácil.

Vender o alquilar un piso o casa

Una chica vendió una casa en menos de dos meses (llevaba dos años intentándolo). Hizo una foto a la casa y le puso un cartel encima que decía «Vendida». La miraba cada día muchas veces alegrándose de haberla vendido. (Esta idea está explicada mejor en el apartado «Cómo acelerar el proceso»).

También puedes visualizar intensamente cómo la vendes o la alquilas, que firmas el contrato. Te sientes feliz y le cuentas a alguien que la has vendido o que la has alquilado a unas personas fantásticas, de confianza...

Comprar el coche ideal

Tanto si lo quieres nuevo como de segunda mano, decide qué modelo quieres y las características ideales. Luego puedes visualizarte con él, conduciéndolo, disfrutándolo o contándole a alguien cómo es.

También puedes hacer lo mismo que yo: me costó más de un mes decidir qué coche quería (no buscaba el que más me gustaba sino el más barato, y esto no funciona así), hasta que por la calle vi un precioso Hyundai Matrix de segunda mano (el nombre ya era adecuado para mí). Todo en ese coche me gustaba, menos el precio (4.000 euros con 80.000 kilómetros). Aunque no concebía muchas posibilidades de éxito, decidí enfocarme en ese coche; debía encontrar uno con los mismos kilómetros pero que costara 2.000 euros. Le hice una foto (era un coche color verde) y la miré infinitas veces durante tres días; también afirmaba constantemente: «Muchas gracias por mi Hyundai Matrix con 80.000 kilómetros por 2.000 euros. ¡Me encanta! ¡Es un coche fantástico!». Sentía que ya lo tenía, que ese coche existía y me estaba buscando a mí. Al tercer día apareció un anuncio en una web de coches: un Matrix verde, con 89.000 kilómetros, muy bien cuidado por dentro y por fuera, ¡por 2.000 euros! Fui la primera y la última en llamar, porque el vendedor estaba cerca. Así de fácil.

Vender tu coche

Haz una foto al coche y ponle encima un cartel que ponga «Vendido». Mírala a menudo sintiéndote muy contento por la venta. O puedes visualizarte vendiéndolo, firmando los papeles, cobrando... Tienes que implicarte emocionalmente. No te funcionará si solo lo miras de vez en cuando ni si solo lo tienes colgado en la pared.

Comprar o encontrar cualquier cosa material que necesites

Decide qué necesitas y busca imágenes para enriquecer la película mental. Debes visualizarte ya en posesión de lo que quieres y sentirlo plenamente. O mira la foto de eso que deseas a menudo, mientras afirmas: «Gracias por este (di lo que deseas) tan bonito, tan útil y que me hace tan feliz». Refuérzalo con alguna de las ideas del apartado «Cómo acelerar el proceso».

OTRAS ÁREAS

Mejorar tu rendimiento deportivo

Define la marca o la mejora que quieres conseguir y visualízate intensamente obteniéndola. Perfecciona los movimientos físicos que necesites realizar en tu mente, con todo detalle, a cámara lenta. Después, visualízate en la competición alcanzando o superando la marca. Introduce en la visualización pensamientos positivos internos que estén en coherencia con la película mental que estás haciendo: «¡Es el mejor partido que he hecho en mi vida!», «¡Increíble! ¡La pelota está yendo directamente al hoyo!», etc.

Puedes ver cómo al final de la competición todos te felicitan y te sientes plenamente satisfecho.

Ganar un juicio o solucionar algún tema de papeles

Decide lo que realmente quieres, qué película deseas ver, y visualízala cada día. Puedes verte celebrando el resultado a tu favor, sintiendo la liberación de haber acabado con ese tema. Siente que ha habido justicia, que el desenlace beneficia a todos los implicados. También puedes imaginar que llamas a alguien y se lo cuentas...

Una participante en los grupos tenía un problema laboral por una situación inestable respecto a los turnos. Se sentía fatal; no podía organizarse ni estar con su hijo. Doscientas personas de su empresa (un hospital) estaban afectadas por esa situación y la mayoría habían reclamado mejoras —ella también—, pero no querían llegar a un juicio. Decidió empezar a visualizar que se resolvía el problema, que la ponían fija en el turno de noche y en un sector concreto (su sector ideal).

En veintiún días cosechó los frutos de su visualización: sin necesidad de llegar a juicio, la empresa accedió a darle el turno de noche fijo, en el sector deseado. Cabe decir que fue la única que obtuvo una resolución a su favor.

Un divorcio justo y basado en la conciliación

Visualiza intensamente la separación ideal, el resultado final: que os despedís amigablemente, que el resultado del proceso de divorcio es justo... Céntrate en qué querrías que sucediese en tu vida ideal y reproduce esa película en tu mente sintiéndote como si ya estuviera sucediendo en tu realidad.

Conseguir el vestido de novia o de novio ideal para la boda

Puedes ir de tienda en tienda durante semanas probándote vestidos hasta que encuentres el tuyo o hacer lo que hice yo: dediqué un tiempo a mirar por Internet muchísimos vestidos de todo tipo y fui copiando y pegando las imágenes de los que me gustaban en un documento word. Después me centré solo en los que había seleccionado y fui descartando algunos que al mirarlos varias veces ya no me gustaban. De los modelos que quedaban empecé a valorar lo que me agradaba y no me agradaba de ellos, y así conseguí la lista de mi vestido ideal: escotado por delante y con la espalda descubierta, de tirantes finos, de color perla, que disimulara mi barriguita, con una apertura lateral o por detrás (no quería un vestido clásico ni pomposo), sin cola ni cancan, que me quedara perfecto y que me costara barato (eso era lo que me parecía más difícil, aunque especifiqué incluso el precio). Ya tenía la lista; ahora solo había que atraerlo.

Reuní a unas amigas para ir a buscar el vestido por unas cuantas tiendas, pero no hizo falta buscar durante mucho tiempo, porque lo encontré en la primera tienda a la que entramos y fue el primer vestido que la dependienta me ofreció. Me convenció para que me lo probara (paradójicamente yo no quería; a primera vista no me gustaba) y al ponérmelo me di cuenta: era el mío; lo tenía todo, incluso el precio era perfecto.

Encontrar a un animal de compañía ideal

Primero decide qué animal quieres y qué características debería tener para ser ideal (sin límites, imagina que pudieras elegirlo todo). Cuando lo tengas —la raza, el carácter, la edad, el precio, etc.—, empieza a visualizarlo intensamente: cómo lo encuentras (en la perrera o te lo regalan), cómo se integra en tu vida y con tus familiares... Debes sentir todo lo que sentirás cuando lo tengas.

Si no quieres elegir tantas cosas sobre el animal, decide tan solo cómo quieres sentirte con él. Visualízate también contándole a alguien que te sientes genial desde que tienes a tu lado a ese animal, que es perfecto para ti.

Cualquier cosa que puedas imaginar la puedes conseguir (sea material o espiritual), así que adapta lo ofrecido en este capítulo a lo que quieras experimentar, aunque yo no lo haya nombrado. ¡Las posibilidades son infinitas!

Utiliza tu imaginación y creatividad, porque ellas son la puerta de entrada a una vida diferente a la que tienes ahora.

ÁREA GLOBAL

Te invito a que te imagines el mundo tal y como querrías que fuera. Estoy segura de que si visualizar y estar enfocada en lo que realmente quiero funciona a «pequeña escala», generando tantos cambios positivos en mi vida y en tanta gente que lo experimenta y de la que soy testigo, también funciona a gran escala con todo el planeta. Sé que mi forma de mirar el mundo lo afecta directamente, todos lo afectamos. Así que mi opción es mirar el mundo con mis mejores ojos.

Estoy comprometida conmigo misma y con el mundo a cuidar mi monólogo interno, a sanear mi mente y mis pensamientos para ofrecerme y ofrecer a los demás las mejores posibilidades de existencia. En un momento de mi vida decidí que ya no quería añadir más sufrimiento al planeta, y eso solo puede hacerse cuando no hay sufrimiento en ti.

Ocúpate de ti

Ocúpate de no generar más sufrimiento a tu alrededor

Facilita la vida de la gente

Respeta a los que piensen de forma diferente

Deja de luchar por tener razón

Abre tu corazón y ama a la Tierra con todos sus seres

Responsabilízate totalmente de tu vida
Sé la mejor versión de ti mismo

¿Qué crees que pasaría si tod@s hiciéramos eso?

Sé el cambio que quieres ver en el mundo.

GANDHI

CÓMO INTERPRETAR «INPUTS», SEÑALES Y SINCRONÍAS

Casi desde el primer momento en que decides qué quieres y empiezas a visualizarlo comienzas a recibir lo que se llama «señales», pero muchas veces no somos receptivos a ellas y por lo tanto no las vemos.

La mayoría de las veces que pregunto a la gente que empieza a visualizar: «¿Cómo van las visualizaciones? ¿Están dando resultado?», la primera respuesta es: «No ha pasado nada».

En todos estos años he aprendido que esto nunca es verdad, pero estas personas no han clasificado en su mente como «señal», *input* o sincronía ciertas cosas nuevas que les están aconteciendo. También he visto gente que prefería tener razón a admitir que su intención había cambiado las cosas; les resultaba más fácil asimilar que no habían influido en su realidad.

Aunque me digan «no ha pasado nada», les pido que me cuenten un poco más; entonces comentan: «Bueno, me llamó mi jefe para felicitarme personalmente», «He cobrado un cheque de una persona que hacía un año que me debía dinero», «He conocido a una chica que trabaja en lo que yo querría trabajar», «He recibido una llamada de una oferta de trabajo; hacía seis meses que había dejado el currículum», etc. ¿Y dicen que no ha pasado nada?

Con el tiempo he ido entendiendo que no siempre estamos preparados para darles importancia a las sincronías, porque aceptar que tu intención ha tenido algo que ver con lo que te ha sucedido posteriormente tiene enormes implicaciones; es un cambio de paradigma: conlleva admitir que no somos víctimas de las circunstancias, sino que somos sus cocreadores.

Cuanto antes aceptes esto mejor para ti. Dejarás de ser una víctima y aceptarás con alegría la responsabilidad total de tu vida.

Inputs, señales y sincronías son todo aquello que recibimos en forma de carteles, conversaciones, mensajes en la televisión, frases de un libro, llamadas y encuentros inesperados con personas, «casualidades», etc. Tienen infinitas formas de presentarse. A veces son discretos, a veces realmente sorprendentes.

Pongo algunos ejemplos para que te ayuden a identificarlos:

- Una chica trabajaba en una empresa que no le gustaba y en la que se sentía mal. Finalmente decidió lo que quería: enseñar idiomas en su casa. Esto le pareció imposible, porque decía que nadie se saca un sueldo dando clases particulares. Una semana después conoció a una chica que se dedicaba a dar clases particulares en su casa ocho horas al día y conseguía un sueldo bastante decente. Esto era un *input* clarísimo, pero ella no podía creerlo y continuó con las dudas. Un tiempo después, tal vez un mes (siempre es cuestión de tiempo), dejó su trabajo y fueron aumentando sus clases de idiomas en casa. Mientras escribo esto, ha empezado a trabajar en una academia enseñando inglés cinco horas diarias y lo combina con las clases en casa. Obviamente, ahora reconoce que aquello fue una señal clarísima de su intención. Está muy contenta con su trabajo en casa y ya no duda de las sincronías. Esta chica nunca antes había trabajado enseñando idiomas; era administrativa.

- Un día una amiga mía sufrió de golpe una grave enfermedad y al día siguiente yo tenía que participar en el estreno de una obra de teatro. Yo todavía estaba muy alterada por el suceso y en el trayecto en coche me preguntaba: «¿Qué necesito saber para estar medianamente tranquila durante el estreno?». Al llegar al teatro, un cartel delante de mí anunciaba una película titulada *Cuestión de tiempo*. Todos tenemos una segunda oportunidad. Decidí creer en esa señal.

- Otra chica decidió, después de mucho dudar, que lo que quería era trabajar desde su casa, *online*. Desde ese momento no dejó de tener *inputs*; hasta ese día todas las ofertas de trabajo que le habían aparecido habían sido presenciales y después de tomar su decisión, a través de la misma web, comenzaron a aparecer ofertas *online*. Luego conoció a una bloguera de mucho éxito que le hizo una entrevista personalmente. El camino hacia su objetivo está siendo fácil; varias personas le han pedido hacer y mantener sus blogs. Está entusiasmada.

- A un chico que consiguió tener claro lo que quería respecto a la pareja (encontrar una persona realmente especial, sentir que era el amor de su vida) al día siguiente le llamó un amigo suyo para decirle esto: «He encontrado el amor de mi vida». Es una frase que no se refería a él, pero se trataba de un *input* de que el universo había escuchado su visualización, que estaba trabajando en ello.

- Otra persona decidió que quería volver con su ex y esa semana, sin hacer nada diferente, lo vio por «casualidad» con una chica. Era un *input* clarísimo; una forma en que el universo le decía: «No es él la persona».

Cuando declaras una intención parece como si todo se moviera, es realmente sorprendente. Tienes que experimentarlo.

Toda pregunta que te haces y toda intención generan una respuesta, siempre. Solo hay que estar un poco alerta y, sobre todo, confiar en las respuestas (en forma de señales, *inputs* y sincronías). Además, cuanto más valoras estas señales, más ávida está tu mente de permanecer alerta a cualquier estímulo relacionado con tu objetivo o propósito.

Saber apreciar las señales es la sal de la vida; ellas hacen que sientas que tu vida es mágica, que siempre te sucede algo sorprendente y que realmente estamos interactuando con un campo de energía, campo cuántico o Consciencia Universal, que responde siempre a  TI.

PREGUNTAS Y DUDAS FRECUENTES

Si es tan sencillo, ¿por qué no tenemos todo lo que queremos?

Primero hay que entender que cuando declaro que quiero algo es porque no lo tengo. Cada vez que lo pides, en el fondo, estás repitiendo constantemente que no lo tienes. Por eso, no por pedirlo más veces lo obtendrás o atraerás más rápidamente; más bien puede ser al contrario.

Todo depende de cómo te sientes al pensar en lo que quieres. ¿Te sientes bien o mal? Te sientes mal cuando se te hace evidente que no lo tienes, cuando al pensar sientes que quieres que sea tuyo algún día, lo deseas mucho... Esta es la manera en que la mayoría de la gente se enfoca cuando desea conseguir algún objetivo. Siento decirte que esta manera de enfocarte siempre te dará el mismo resultado: no lo conseguirás.

¿Y por qué lo hacemos así? Porque aceptamos la realidad física como la única realidad verdadera. No comprendemos que estamos en un universo de infinitas posibilidades y que mi realidad física de ahora es el resultado de una elección hecha en el pasado de entre todas las posibilidades. Lo único que tenemos que hacer es elegir AHORA otra de las posibilidades, la que yo quiera, y mantenernos enfocados en ella.

He observado que las personas que quieren que las ayude a ganar más dinero predominantemente se sienten mal cuando piensan en ello: «No tengo suficiente», «No me llega», «No se cómo se gana», etc. El único momento en que se sienten bien pensando en el dinero es cuando están visualizando que compran lo que necesitan, que aumenta su cuenta corriente, que hacen el viaje que desean, que reciben un aumento de sueldo... Esta es la vibración que atrae lo que quieres. Cuanto más tiempo pases en ella, más rápidamente recibirás los resultados.

Si quieres más dinero, debes sentir que ya lo tienes, AHORA, en este momento.

Tienes que visualizarte recibiéndolo, haciendo lo que quieres o comprando lo que deseas; debes enfocarte en el resultado que querrás ver en tu vida.

Para atraer tu nueva realidad tienes que sintonizar con la vibración de tu deseo y eso no lo conseguirás observando tu realidad física.

¿Cómo sé que estoy bien enfocado?

Cuando al pensar en lo que quieres te sientes profundamente bien.

Tus emociones deben ser un valioso indicador de lo que estás atrayendo; siempre te indican tu punto de atracción: si te sientes bien, quiere decir que estás alineado, vibrando y atrayendo lo que deseas. Si te sientes mal, quiere decir que no estás alineado ni vibrando con lo que deseas, ni atrayéndolo.

Es decir, cuando te sientes mal (cuando tienes emociones negativas) es porque te estás enfocando en la realidad que tienes y no deseas, en lugar de hacerlo en la realidad que quieres crear. Por ejemplo, cuanto más te enfocas en tu falta de dinero, peor te sientes; por lo tanto, si lo que quieres es más dinero, no lo conseguirás si continúas enfocado en tu realidad actual.

Sentir que necesitas dinero te hace sentir mal. Cuando empieces a visualizar intensamente que cubres tus pagos, que te compras lo que necesitas, que te vas de viaje, etc., te empezarás a sentir bien; estarás enfocado en la realidad que quieres crear.

Otra forma infalible de saber si estás bien enfocado o no son los resultados que obtienes. Aquí no hay fallo posible; si lo has conseguido, lo estás consiguiendo o cada vez lo tienes más cerca, es la señal más clara de que estás bien enfocado. Si no es así, también es una clara señal de que no lo estás.

A veces veo cambios muy rápidos y a veces muy lentos. ¿Por qué?

Hay áreas de nuestra vida que fluyen mejor que otras. Habrá ocasiones en que tardarás menos de una semana en conseguir lo que te habías propuesto y a veces necesitarás dos meses o más.

Esto está directamente relacionado con nuestras creencias limitantes inconscientes, pero he visto en mucha gente que no hace falta saber nada sobre creencias ni programación, sobre cómo cambiarlas, porque si continúas visualizando intensamente cada día el «resultado final», la reprogramación sucederá sola. Puedes tardar un poco más en conseguirlo, pero con constancia lo lograrás.

¿Es posible que esté creando la experiencia contraria a lo que estoy visualizando?

Cuando se empieza a visualizar con intención, se ven «movimientos externos» con bastante rapidez. La gran mayoría de las veces son movimientos agradables y sorprendentes, pero en ocasiones (pocas) pueden ser desagradables en un primer momento. Esto es así porque cuando deseamos lo mejor y empezamos a introducir en nuestra mente esta «programación nueva», todo lo viejo que ya no nos sirve es incompatible con lo que queremos y estamos creando, de modo que tiene que salir de nuestra vida.

Por ejemplo, imagina que te has propuesto mejorar tu relación de pareja, darle otra oportunidad (ya sea porque amas a la otra persona o porque tengas miedo de dejarla). Decides cómo sería tu relación ideal: con más complicidad, con mayor pasión, con mucha alegría, haciendo muchas cosas juntos, etc., y empiezas a visualizar cada día ese resultado final. Esto generará movimientos externos, sí o sí, porque estás cambiando la vibración en tu relación de pareja. A nivel mental estarás modificando tus creencias inconscientes sin darte cuenta. ¿Qué puede pasar? Que tu pareja sintonice con esta vibración nueva, es decir, que inconscientemente también desee lo mismo y la relación mejore, pero del mismo modo puede ocurrir que tu pareja no resuene con la nueva vibración y, por lo tanto, se acabe alejando. Sucederá algo (aparentemente aleatorio) que causará la separación. En este caso querrá decir que con esa persona no podrás tener la relación que deseas. En ese caso, podrás escoger: o continúas con la relación asumiendo lo que hay o continúas visualizando el resultado final de tu relación ideal asumiendo que se alejará esa persona pero se acercará otra que esté en sintonía con tu nueva vibración. Tú eliges.

Lo más habitual cuando ves peligrar tu relación actual, aunque sea totalmente insatisfactoria, es tener miedo de que nos estemos equivocando o de que no aparezca nadie más. Continúa visualizando diariamente, si quieres dos veces al día, para que predomine la vibración de que ya estás viviendo la relación de pareja ideal y no el miedo.

¿Tengo que creerlo para que me funcione?

No es imprescindible, aunque si crees en esto será más fácil que obtengas resultados. Basta con querer probarlo abiertamente, como si se tratase de un juego, con actitud curiosa y la mente abierta. Lo que sí notarás es que a medida que lo experimentes te lo creerás más. Al aumentar la creencia y la confianza en la técnica y el proceso, obtienes resultados visibles más rápido y estás más abierto a recibir «señales», sincronías, «casualidades»...

Aparte de visualizar, ¿debo establecer un plan de acción? Tendré que hacer algo, ¿no?

Una vez que elijas el «resultado final» solo tienes que visualizarlo intensamente cada día y las acciones requeridas se te irán mostrando sobre la marcha. No es necesario que te fuerces a hacer algo para avanzar; puedes hacerlo si te hace sentir bien, pero en realidad solo habrá que responder a los movimientos, impulsos e intuiciones que se irán dando a partir de que empieces a visualizar intensamente a diario. No te preocupes por si sabrás verlos; sentirás el impulso irrefrenable de actuar cuando sea el momento. La mayoría de la gente lo describe diciendo: «...Y entonces, no sé por qué fui por una calle diferente», «No sé por qué me dieron ganas de llamarle» o «No sé por qué pero fui, aunque no me apetecía».

No puedo visualizar nada. El pensamiento se me dispersa todo el tiempo.

Hay gente que dice que no sabe o no puede visualizar. La mente piensa en imágenes. Nuestra mente asocia con una imagen cada palabra que escuchamos, y lo hace de forma automática.

Pero quien tenga dificultades para visualizar puede narrar verbalmente (con los ojos cerrados) la película que desea; así la mente irá ofreciendo las imágenes de manera automática y los sentimientos asociados.

Un ejemplo: «Estoy entrando en mi casa y siento mucha paz. Tengo muchas ganas de ver a los niños, de abrazarlos, de decirles que los amo y recibir de ellos muchos besos. ¡Es fantástico llegar a casa! Me encanta mi familia; veo a mis hijos haciendo cosas juntos, mi marido y yo somos un "equipazo"... ¡Qué maravilla!».

Otro ejemplo (si quieres un coche): «Estoy viendo mi nuevo coche delante de la puerta. Es de color blanco. Lo abro con el mando a distancia, abro la puerta del conductor, entro dentro y... ¡uy, qué olor a coche nuevo! Me siento; ¡es tan cómodo! Todo el interior es una maravilla, el color es oscuro y elegante...». Aún lo potencias más si gesticulas: agarra el volante, pon en marcha el coche, escucha el motor, mete la primera e imagínate conduciéndolo.

No me funciona.

¿El «resultado final» que has decidido es totalmente deseable para ti? ¿Es lo que realmente quieres? Muchas personas no eligen lo que de verdad desean, sino lo que creen posible. Asegúrate de que no sea tu caso.

¿Estás visualizando antes de acostarte cada día durante quince o veinte minutos? ¿Y lo estás haciendo INTENSAMENTE? No es suficiente con ver solo imágenes mentales; es necesario que las imágenes tengan intensidad emocional.

Cuando no estás visualizando o durmiendo, es decir, las otras dieciséis horas del día, ¿te estás quejando o preocupando?, ¿tienes dudas, miedos o estás cuestionándote el proceso? ¿Crees que así estás atrayendo lo que quieres? Pues NO; así estás atrayendo lo que NO QUIERES. Tu vibración está en sintonía con lo que no quieres y tendrás más de lo que no quieres, porque la mayor parte de tu atención está puesta allí.

Si es tu caso, porque estás en una situación límite, visualiza más a menudo (tres veces al día). Necesitas sentirte bien la mayor parte del día, porque siempre atraemos el resultado de nuestros pensamientos predominantes.

Elige lo que quieres sin segundas intenciones; nada de «elijo esto para conseguir lo otro». Cuando decides lo que quieres experimentar, debe ser en respuesta a lo que deseas realmente; la intención debe ser transparente.

En ocasiones, lo que deseas y pides no es lo mejor para ti o para todos los afectados. Este es uno de los motivos por los que a veces no obtienes los resultados deseados. Asegúrate de que tienes en cuenta las frases «esto o algo mejor» y «para bien mío y de todos».

CÓMO ACELERAR EL PROCESO

La forma más rápida de obtener resultados es dedicar más tiempo al día a la visualización. Puedes visualizar dos o tres veces diarias, así como potenciar y alimentar el objetivo haciendo uso de tu imaginación y creatividad durante el día. Aquí van algunos ejemplos:

TABLERO DE LOS SUEÑOS O «COLLAGE»

Busca en revistas o en Google imágenes que evoquen las sensaciones relacionadas con tu objetivo o, más concretamente, imágenes en las que aparezca el coche, una familia feliz…, imágenes que representen lo que quieres conseguir. Puedes hacer un *collage* de fotos y palabras en relación con un área de tu vida o con un objetivo. Míralo a menudo cada día, sintiendo que todo lo que ves ya es tuyo. Te has de sentir muy bien tanto a la hora de hacerlo como al contemplarlo. Ve actualizándolo a medida que haya cambios.

ESCRITURA CREATIVA

La escritura es una forma de crear realidades, ya que las palabras que escribes evocan imágenes mentales y sentimientos, que son ingredientes imprescindibles en una visualización. A las personas a quienes les cuesta visualizar les recomiendo escribir y deleitarse escribiendo cómo sería su vida ideal o el área que desean cambiar, o la experiencia que quieren tener en el futuro. Puedes redactarlo en presente, como si ya lo estuvieras viviendo, o escribirle una carta a alguien en la que le explicas que has conseguido tu objetivo (en este caso lo escribes en pasado). Por ejemplo, si tienes un examen muy importante el 20 de junio, escribes una carta con fecha 1 de julio en la que explicas cómo te fue y la fantástica nota que obtuviste.

GESTICULAR DURANTE LA VISUALIZACIÓN

Puedes enriquecer la visualización gesticulando con el cuerpo. Con los ojos cerrados, te mueves como si estuvieras dentro de tu película mental. Así harás participar a todo tu cuerpo y te será mucho más fácil sentir las emociones: abre la puerta de tu nuevo coche, siéntate en el asiento del conductor, agarra el volante, conduce...

AFIRMACIONES

Elige afirmaciones de tu cosecha o un texto que esté en sintonía con tu objetivo y con lo que quieres sentir para repetirlo durante el día, tanto mentalmente como verbalizándolo mientras conduces, cocinas, caminas, etc. Un ejemplo: «Mi cuerpo es muy inteligente; sabe cómo curarse y de hecho lo está haciendo. Cada día me siento mejor; pronto veré los resultados». Mientras pronuncias estas palabras debes sentirte bien.

Esta es una forma muy buena de ir sustituyendo el monólogo interno negativo por uno positivo.

En mi caso, siempre llevo en el bolso un texto con afirmaciones que quiero integrar y lo leo muchas veces durante el día.

Es muy importante que las afirmaciones o el texto que repitas durante la jornada te hagan sentir bien. Si sientes un conflicto al pronunciar esas palabras porque crees que no son verdad, no te funcionarán.

Si dices: «Me quiero y me acepto tal y como soy» pero sientes que has hecho algo inaceptable, decir esto no te hará sentir bien. Modifica la frase o cámbiala por: «Aunque hice eso, me amo», «Cada día acepto un poco más mis errores y a mí mismo», «Todo el mundo se equivoca alguna vez; me perdono y me quiero», etc.

También puedes usar afirmaciones intencionales del tipo: «Hoy decido ver todo el amor que hay en mi vida». Piensa de qué careces en la vida y decide verlo. Así pondrás la mente alerta y con expectativa de ver justo lo que has decidido ver. *Ves lo que estás programado para ver*; por lo tanto, que tú no veas determinadas cosas en tu vida no significa que no estén. ¡Solo que tú no las ves!

¡Lo tengo todo!

¡Gracias por mi aumento de sueldo!

¡La buena suerte siempre me acompaña!

¡Siento una gran paz interior!

UTILIZAR OBJETOS

Uniformes

Si quieres trabajar de enfermero, médico o bombero, o tener alguna otra profesión en que se use uniforme, busca la forma de conseguir uno y póntelo en tu casa. Diviértete actuando como si ya fuera un hecho que ejerces esa profesión: mírate en el espejo, levántate por la mañana y ponte el uniforme como si fueras a trabajar... El límite es tu imaginación.

Sonidos y ruidos

Graba con el móvil el ruido que hace lo que quieres: el coche, la moto, un aplauso (si tienes que dar una conferencia)... y escúchalo con los auriculares unas cuantas veces al día o antes de dormirte. El sonido evocará el sentimiento.

Contratos de compraventa o de trabajo

Haz un contrato con tus datos y las condiciones o características que quieras. Imprímelo y míralo a menudo, actuando como si fuera real.

Billete de avión

Diseña tu billete; descarga una plantilla o invéntala. Cuélgalo en tu *collage* en un lugar donde lo veas a menudo y actúa como si fuera real.

Botella de agua con propiedades mágicas

El agua tiene la capacidad de absorber información. Esto lo digo basándome en el trabajo de Masaru Emoto, quien a través del estudio de los cristales del agua congelada sostuvo la teoría de que la forma de los cristales cambia en función de los pensamientos, palabras e información dirigidos al agua.

Emoto sostuvo que si el agua lo hace, nosotros también podemos hacerlo, puesto que nuestro cuerpo es agua en un 70-80%.

A mí me ha funcionado siempre muy bien darle propiedades curativas al agua.

Por ejemplo, una chica tan solo tuvo que hacer esto: puso una etiqueta en una botella donde le otorgaba a esa agua la capacidad de curar un ovario que le tenían que operar. Fue bebiendo el agua con esta intención y esta conciencia, y finalmente no la operaron: el ovario se había curado (cuando ocurren cosas como esta, los médicos hablan de «remisión espontánea»; hace años que estoy acostumbrada a oír esta expresión).

Durante una época en que trabajaba muchas horas en un restaurante, terminaba muy tarde por la noche y físicamente agotada (las piernas no me aguantaban, tenía muchos calambres nocturnos y el cuerpo dolorido, y me costaba dormir).

Hasta que antes de acostarme comencé a beber un vaso de agua al que le pedía que me regenerara durante la noche, para estar llena de energía cuando despertara. Me funcionó totalmente; se acabaron para mí los problemas de agotamiento, los calambres y el insomnio.

Yo creo en la capacidad del agua de responder a la intención, pero si tú piensas que lo que tiene lugar es un «efecto placebo», también lo puedes usar; ¿qué problema hay?

Deja que tu imaginación te aporte más ideas... ¡JUEGA!

JUEGA, EXPERIMENTA CON EL UNIVERSO

Haz unas pruebas; declara alguna intención precisa y observa qué sucede:

- «Dame durante el día de hoy una señal clara de tu existencia, algo irrefutable para mí, que no pueda negar. Estoy a la espera».
- «Declaro la intención de recibir información de tal persona esta semana».
- «Necesito la respuesta a esta pregunta: ¿cómo hago para resolver este problema? Estoy a la espera de tu respuesta».

Comienza experimentando con intenciones sencillas, que no te parezcan «imposibles», y ve aumentando poco a poco la precisión de tus intenciones deliberadas y conscientes. Te recomiendo el libro *Energía al cuadrado: 9 experimentos que demuestran que los pensamientos crean la realidad*, de Pam Grout.

ANCLAJES

Se utilizan en PNL (programación neurolingüística) y son asociaciones entre una imagen o pensamiento (estímulo) y una reacción emocional (respuesta). Se convierten en automatismos mediante la repetición. Por ejemplo, cada vez que miras la foto de tu exmarido (estímulo) te sientes muy triste (respuesta).

Este recurso trata de crear anclajes positivos empleando la repetición. Al principio puedes sentirte un poco tonto al hacer esto, pero con el tiempo notarás que tu mente adquiere unos automatismos muy útiles que generan mucho bienestar en el presente y un futuro cada día mejor.

Yo uso varios anclajes cotidianamente. Algunos ejemplos:

- Conecto a menudo con la sensación de cuando era pequeña y sabía que vendrían los Reyes a traerme regalos. No dudaba; sabía con certeza que los regalos estarían allí. Cuando visualizo la imagen, instantáneamente me siento feliz, ilusionada; tengo la certeza de que habrá regalos. Tal vez por eso recibo tantos regalos en mi vida.

- Siempre llevo una goma de borrar en el bolsillo. Cuando experimento situaciones desagradables o me observo pensando algo negativo, la saco y hago como si borrara las memorias y creencias limitantes que estén actuando en ese momento. Entonces siento como si me hubiera liberado de cosas que no quiero.

- Cada vez que veo o escucho a alguien diciendo cosas que a mí me gustaría pensar o veo algo que querría tener..., en vez de envidiar a esa persona aprieto un botoncito imaginario en mi cabeza y digo: «WIFI». Para mí tiene el significado de «capta esto». Siento que le he dado una orden muy clara a mi mente subconsciente para que incorpore eso que he visto en otro y me gusta.

- Si he pedido algo al universo y estoy a la espera, utilizo la misma sensación que tengo cuando voy a un restaurante y pido lo que quiero; sé que el camarero vendrá con lo que he pedido. Esta sensación, que experimento durante el día, me hace sentir confianza plena en que recibiré lo que deseo. Me digo: «¡Oído, cocina!» y automáticamente siento la certeza de que lo que he pedido llegará.

COHERENCIA

Esto es lo que da mejores resultados. Lo que dices, lo que piensas y lo que haces durante el día debería estar en sintonía con tu objetivo. Estar en plena sintonía con tu objetivo te convierte en un imán para lo que quieres.

Por ejemplo, si te has propuesto encontrar un trabajo ideal para ti y te visualizas feliz en él entre quince y veinte minutos diarios, pero el resto del día estás hablando con otros de que esta crisis está dejando a la gente sin trabajo, de que es imposible encontrar empleo, etc., obviamente estarás creando esa realidad (recuerda que durante veinticuatro horas, todo el día, estás pensando en imágenes y sintiendo; por lo tanto, todo el día estás atrayendo cosas y situaciones).

No hace falta autoengañarse y mentir; es cuestión de entender que siempre hay un modo de interpretar y describir tu realidad de una forma útil y también cierta: «Incluso durante la crisis la gente cambia de trabajo; hay muchos que se atreven a dejar el trabajo porque no los llena y también hay muchas personas que encuentran trabajos mejores que los que tenían» (esto también es verdad; yo veo mucha gente que encuentra sus trabajos ideales a través de la visualización creativa).

Ninguna de estas ideas te servirá para conseguir lo que quieres si no te hacen sentir bien. Es lo más importante.

Escoge una herramienta que no entre en conflicto contigo mismo para poder disfrutar del proceso de atraer el objetivo, no solo disfrutarlo cuando lo consigues.

Utiliza cualquiera de estas ideas o algún recurso

propio para aumentar la SENSACIÓN DE QUE YA LO TIENES durante la mayor parte del tiempo. Este sentimiento es el mejor acelerador del proceso.

LA VISUALIZACIÓN CREATIVA COMO FORMA DE VIDA

Voy a desarrollar un ejemplo de cómo es un día entero utilizando todo lo que has leído en este manual. Al principio puede parecer demasiado, pero en realidad no cuesta ningún esfuerzo y vas sembrando día a día todo lo que, tarde o temprano, cosecharás.

Suena el despertador y antes de saltar de la cama te quedas cinco minutos tumbado y te dices: «Empieza otro día fantástico; ¿qué maravillosas sorpresas recibiré hoy?» (anclaje del niño el día antes de Reyes).

Repasas mentalmente todo lo que tienes que hacer durante el día y te visualizas en cada una de las actividades con una sonrisa: trabajando, en la cita con el dentista, recogiendo a los niños, etc. Visualízalo durante un momento tal y como querrías vivirlo, sin juzgar ni dudar (es posible que en ese momento tu trabajo no te guste; no importa, continúa haciéndolo). Dices: «Gracias por este día tan extraordinario lleno de cosas, personas y situaciones bonitas».

Te levantas, te lavas la cara y te miras al espejo: «¡Qué guapo! Te acepto y te quiero mucho» (y todo lo que quieras decirte que te haga sentir bien). «¿Qué puedo hacer por ti hoy? ¿Cómo puedo hacerte más feliz? ¿Cómo puedo mejorar la vida de los demás hoy?»

Mientras te lavas y te duchas repite interiormente, o en voz alta si estás solo: «Cada día estoy mejor. ¡Qué bien se está cuando te sientes bien! ¡Qué bien que estoy! Me siento genial; cada día mejora mi vida», etc. La cuestión es crear un monólogo positivo y no dejar que tu monólogo negativo inconsciente hable en «piloto automático».

Antes de salir de casa observa tu *collage* o «tablero de los sueños» durante unos diez minutos: «Sí, gracias; todo esto es fantástico. ¡Vivo y tengo todo esto! ¡Qué pasada! Lo estoy creando, atrayendo a mi vida, y tarde o temprano lo experimentaré, aunque no sepa cómo se hará. Solo con imaginarlo siento una gran alegría. ¡Gracias, gracias!».

Te subes al coche para ir a trabajar y mientras conduces das las gracias por el superaparcamiento gratuito al lado del trabajo: «Gracias por el aparcamiento que tienes reservado para mí; ¡qué privilegio! Gracias por un día fantástico en el trabajo; la gente es amable, los compañeros cada día me gustan más y me sorprenden positivamente. Mi jefe empieza a tenerme más en cuenta; cada día me siento más valorado. ¡A ver qué sorpresas increíbles me esperan hoy en el trabajo!»...

Mientras trabajas puedes mantener el monólogo positivo en tu interior cada vez que te observas entrando en un «bucle» negativo por lo que ves y sientes en el trabajo. Puede que no te guste y tengas muchos problemas laborales actualmente; entonces puedes decirte: «Ya sé que aún no estoy experimentando un trabajo que me guste y donde me sienta bien, pero sé que si sigo alimentando el monólogo positivo empezaré a atraer un nuevo empleo o una mejora del que tengo, así que confío y sigo enfocado en lo que quiero». Si ya sabes qué trabajo es el que quieres, afirma constantemente: «Gracias por el nuevo trabajo que me está viniendo. Me encanta trabajar para una empresa que me valora y que me remunera de forma justa por todo lo que hago. Me levanto con ganas de venir a trabajar, me siento realizado en este nuevo trabajo. ¡Ah, qué sensación tan buena!», etc.

Céntrate en lo que quieres y no en lo que no quieres. Por lo tanto, si tu trabajo no te gusta, no permitas que tu monólogo interno de quejas, malhumor, frustración, etc., continúe creando tu realidad futura. Corta esta tendencia imponiendo un monólogo positivo que, aunque durante un tiempo (diferente para cada persona) te parezca contradictorio e irreal, hará que todo a tu alrededor se vaya moviendo para ofrecerte el fruto de tu enfoque. Continúa, continúa, continúa.

Sales del trabajo y sigues con un monólogo positivo respecto a la siguiente actividad que tengas que hacer: «¡Gracias por el aparcamiento que me has reservado junto al dentista! Además, llego a la consulta y no hay cola... ¡Genial! Me llaman en seguida y la visita es muy rápida. Me han dicho que no es tan grave como parecía y que será una intervención rápida y mucho más barata de lo que pensaba; ¡gracias!».

Cuando llegues al dentista pueden pasar varias cosas: que haya mucha cola o que no. Si no la hay, agradeces la situación, y si la hay, trata de no quejarte demasiado; adáptate y dite: «Tengo que seguir sembrando pensamientos positivos y así cosecharé sus frutos». En este caso aprovecha mientras esperas para visualizar.

Después del dentista te subes al coche para ir a casa: «¡Qué bien, hoy llego temprano a casa! ¿Qué estará haciendo María...? Qué ganas de verla, de abrazarla; seguro que está guapísima, como cada día ¡Cómo la amo...! Abriremos un vino y nos prepararemos una cenita íntima. ¡Ya lo estoy viendo!».

Puede ocurrir que al llegar a casa María no esté de buen humor o receptiva a tu proyección. Si lo está, genial; si no, mantienes como puedas el monólogo positivo: «María es una mujer maravillosa; me encanta. La respeto y la admiro por todo lo que es». Recuerda esto: a pesar de lo que diga tu mundo físico, confía, porque en un plano espiritual tú ya tienes lo que deseas. Continúa manteniendo la mente enfocada en ello, y tarde o temprano se materializará.

Mientras te lavas los dientes agradeces internamente todas las cosas buenas que te han sucedido durante el día. Una vez tumbado en la cama, antes de dormirte, ponte los auriculares con la visualización guiada y hazla intensamente. Dale a tu subconsciente tus indicaciones de lo que quieres, y él trabajará durante toda la noche (actualizando datos, cambiando patrones y creencias, escogiendo posibilidades y activando todos los datos que tengas que apoyen tu objetivo) sin que hagas nada (el 95% de tu mente hará el 95% del trabajo mientras tú duermes, ¿qué te parece?). Y así cada día, con todo, todo el tiempo que puedas. Cada vez que te veas diciendo o pensando cosas negativas sobre ti, sobre cualquier situación o sobre los otros, procura cambiar el enfoque e imponer un monólogo positivo. Todo ello de forma divertida, no como una obligación. No es válido estar estresado para hacerlo. Estar bien mientras lo haces es una condición imprescindible para obtener los resultados deseables. La visualización creativa es una herramienta muy poderosa; habrá veces en que te quedarás boquiabierto por lo que recibirás (porque acudirá muy rápidamente y tendrá un sorprendente parecido a tu visualización) y otras tendrás la impresión de que no está funcionando, que se ha parado el proceso.

Antes ya he explicado por qué puede parecer que la técnica no funciona o que el proceso se ha detenido; revisa el «pedido» y asegúrate de que lo que decidas experimentar sea realmente lo que quieres, no lo que crees que es posible, lo que se supone que tienes que pedir o lo que crees más correcto.

¿QUÉ DESEAS REALMENTE?

Esta respuesta solo te puede salir del corazón.

A largo plazo la consecución de tus deseos materiales no será lo que te hará profundamente feliz, sino que conseguirlos será la consecuencia del bienestar interior que se generará cuando tengas un monólogo interno predominantemente positivo, lleno de pensamientos alegres y saludables.

Te puedo garantizar que esta herramienta ha cambiado mi vida a muchos niveles: material, laboral, relacional, espiritual, económico...; también ha cambiado la vida de muchas personas que conozco, que han participado en las sesiones semanales de «TODO ES POSIBLE» y en sesiones individuales.

Es posible que en un principio necesites constancia, pero cada vez te resultará más fácil visualizar, conectar con el sentimiento deseado, hacerte la mejor película mental, potenciarlo y acelerarlo, y encontrar recursos que faciliten el proceso. Lo mejor de todo es que cada vez te sentirás más libre de elegir. En cualquier situación de la vida sentirás paz y sabrás que puedes escoger.

El texto que tienes en las manos pretende ser un manual de bolsillo que puedas llevar siempre en el bolso o en la mochila. Es sencillo: contiene los pasos básicos y pretende ser una invitación a JUGAR y a EXPERIMENTAR para empezar a indagar en el conocimiento de que no estamos viviendo en un universo azaroso, ni bajo las órdenes de un Dios superior al que debemos obedecer, ni determinados por el destino... Estamos hechos del mismo «material» que todo el universo, de lo que llaman Dios y del llamado destino, pues SOMOS CREADORES DE NUESTRA REALIDAD, de la individual y de la colectiva.

Los que dicen que es imposible no deberían molestar a los que ya lo están haciendo.
ALBERT EINSTEIN

¿QUIERES EMPEZAR A

TODA REALIDAD SE CREA PRIMERO EN LA MENTE.

ESCOGER?

GRACIAS :)

BIBLIOGRAFÍA DE INTERÉS

Braden, Gregg. *La curación instantánea de las creencias*. Sirio, 2009.
——*La Matriz divina*. Sirio, 2012.
Byrne, Rhonda. *El Secreto*. Urano, 2006.
Dispenza, Joe. *Desarrolla tu cerebro*. La Esfera de los Libros, 2009.
——*Deja de ser tú*. Urano, 2012.
Dyer, Wayne. *Tus zonas mágicas*. Debolsillo, 2009.
——*El poder de la intención*. Debolsillo, 2005.
Gawain, Shakti. *Visualización Creativa*. Sirio, 2000.
Grout, Pam. *Energía al cuadrado. Potencia tu energía. 9 experimentos que demuestran que los pensamientos crean tu realidad*. Planeta, 2014.
Guix, Xavier. *Si no lo creo, no lo veo: cómo construimos nuestra imagen del mundo y de nosotros mismos*. Verticales de Bolsillo, 2008.
Hay, Louise. *Usted puede sanar su vida*. 31.ª edición. Urano, 2009.
Hicks, Esther y Jerry. *La ley de la atracción. Pide y se te dará*. Urano, 2005.
Kahili King, Serge. *La curación instantánea*. Sirio, 2006.
Lipton, Bruce. *La biología de las creencias*. Palmyra, 2007.
Murphy, Joseph. *El poder de tu mente subconsciente*. Arkano Books, 2009.
Trismegisto, Hermes. *El Kybalión*. Librería Argentina, 2013.
Vitale, Joe y Len, Hew. *Cero límites*. Obelisco, 2011.
Wapnick, Kenneth. *Un curso de milagros*. Fundation for Inner Peace, 2009.

No acabaría nunca de nombrar libros que me han cambiado la vida y enriquecido profundamente. Aquí solo he incluido los relacionados con la temática del manual y faltarían muchísimos más.

Películas (se pueden ver en YouTube)
El Secreto, Rhonda Byrne (sobre la Ley de la Atracción).
Usted puede sanar su vida y *El poder está dentro de ti*, Louise Hay (autocuración).
¿¡Y tú, qué sabes!? y *Dentro de la madriguera* (sobre física cuántica).
El Cambio, doctor Wyne Dyer.
Yo libre, Sergi Torres.

Puedes compartir tus experiencias y resultados obtenidos mediante este manual al correo electrónico:

alicia@tusdeseosteestanesperando.com

Me sentiré profundamente agradecida si lo haces. Entre todos nos vamos enriqueciendo con más ideas y cada vez con más confianza en esta forma de vivir y crear. Mi intención es crear una comunidad de personas que no solo crean que todo es posible, sino que lo experimenten constantemente.

Si deseas más información sobre las actividades basadas en el libro, visita la web:

www.tusdeseosteestanesperando.com

Si deseas organizar un curso en tu ciudad, ponte en contacto a través del email:

info@tusdeseosteestanesperando.com

Con mis mejores deseos para toda la humanidad,

ÍNDICE

Tus deseos te están esperando